KB147877

우리 검결의 ㅇ

우리 검결의 이해

박종률 지음

학민사

 돌이켜보면 지금의 경제난보다도 더 어려운 시기를 우리의 선조들은 슬기롭게 극복하고서 빛나는 문화 유산을 우리에게 물려주었다. 가까운 근대사를 보더라도 일본에 나라를 빼앗겨 정신적·경제적 핍박을 받으면서도 목숨을 던지며 독립운동을 하여 광복된 것을 생각하면, 지금의 경제난은 오히려 우리에게 더욱 강한 국가의 기틀을 형성하라는 자극제라 여겨진다.

 모든 이들이 합심하여 어려운 시기를 극복해야겠다.

 일선 도장과 각 단체들도 경제난으로 힘들다. 그렇지만 지금의 위기를 겸허하게 받아들이면 다시금 현재의 상황을 직시할 수 있다. 지금이 무도인들에게는 자성의 시기이며, 그 동안 미루어왔던 몸과 마음 공부를 해야 할 때라고 여겨진다.

 동양 무술의 진수는 외형적 폼이나 형식에 있는 것이 아니라 내면적 기술의 원리나 미학적 해석을 통한 정신적 수련자세에 있다. 따라서 동양 무술은 기술과 수련이 동떨어진 것이 아니라, 통합적인 도(道)의 개념으로 이해해야 한다.

 우리의 검도도 마찬가지이다. 이제까지는 검도(劍道) 단체의 외형적 확대에 비중을 두고서 검도를 활성화하였다. 그로 인한 많은 문제점은 도장 난립과 그에 비례한 사범들의 자질 시비, 그리고 '무슨 검법이다' 하며 투로(套路)와 기술적 해석만을 강조하는 빗나간 검도 수련이었다. 그래서 검법 수(數)만을 만능이라 생각하는 '검법 지상주의'가 만연하게 되었다. '무슨 검법을 어디까지 알고 있다'가 검도의 실력인 것으로 착각하는 이들이 많게 된 것이다.

사범의 검도에 대한 이해부족은 바로 수련생들에게 전이되어 검도는 이제 검법을 흉내만 내는 껍데기가 된 것이다.

이제는 검도를 단순히 검을 가지고 하는 운동으로 여겨서는 안된다. 검도는 '검'을 가지고 '도'를 추구하는 것이 되어야 한다. 검도의 세세한 기술적 분석과 투로의 원리적 이해, 검선(劍線)의 미학적 분석을 통해 '검의 세계'와 '도(道)의 세계'를 접목하여 진정한 자아탐구를 위한 검 수련이 되어야 한다.

그래야만 일선 도장에서도 검법의 흉내보다는 수련생들에게 심법(心法)을 가르치는 지도 사범이 나올 수 있다.

많은 이들이 검도 수련을 통하여 정신력을 배양하려 한다. 이제는 검도가 특정인만의 수련이 아니라 우리나라 국민 누구나 수련이 가능한 종목이 되었다.

특히 검도 수련을 하는 학생에 대한 기대는 매우 크다. 요즘 학생들은 정신력이 나약하다는 평을 많이 듣는다. 검도 수련을 통하여 강인한 정신력이 배양되고, 검도 수련이 하나의 정신적 버팀목이 된다고 생각되면, 지도자들은 마음가짐에 새로운 각오를 다지게 된다.

필자가 지도하는 검도 도장도 성인보다 학생들의 수가 훨씬 많은데, 도장에 나오는 학생들은 일단 체력적으로 튼튼하며, 힘든 점을 인내하는 마음가짐이 온실 속 집안에서 자란 다른 학생들과는 많이 다르다. 학생들의 검도 수련은 국가 장래에 튼튼한 초석이 되리라 믿어 의심치 않는다.

검도 수련에 맞춰서 정신교육도 질적 향상이 이루어져야 한다. 전국에 수많은 검도 도장이 개설되어 있지만 교육의 연장선에서 검도 기술뿐만 아니라 개개인의 정신교육에 접근을 시도하는 도장이 얼마나 되는지는 필자도 의구심이 든다. 학생들에게는 합리적이며 과학적인 검도 기술의 수련과 함께 검도 철학을 마음 속에 심어 나라의 기둥이 되도록 이끌어 나가야 한다.

이 책의 이론편에서는 우리 검도의 수련과 관련하여 그 의의와 목적을 정립하여 보았으며, 또한 무(武)를 정의해 보고 그 역사성을 살펴보았다. 또 실기편에서는 중급 정도인 2, 3단 과정을 소개했다.

많은 이들이 검도 정신과 철학을 강조하지만, 현실적으로 이것이다, 저것이다라고 정의하기는 쉽지가 않다. 또 무도의 기본적인 용어 변화 및 분류방식에 관하여서도 나름대로의 논지를 펴보았다. 부족하고 모자란 점은 후일 더욱 연구하여 제시할 것을 약속한다.

끝으로 이 책이 나올 수 있도록 물심 양면 도와주신 부모님과 가족들, 박승조 교수님, 갑산(甲山)검도연구소의 관장 및 사범들, 어려운 시기에 흔쾌히 출판을 맡아주신 학민사 관계자 분들에게

지면을 빌어 감사를 드린다.

박승조 교수님은 미국 유학길에서 귀국하자마자 인터넷과 편집의 대부분 과정에서 많은 도움을 주셨다. 갑산검도연구소 관계자들은 필자의 무도 연구에 꾸준한 믿음과 뜻을 같이한 검도의 도반들이다. 이 분들의 헌신적인 도움에 다시 한번 진심으로 감사를 드린다.

2001년 1월
마포 나룻터에서 박 종 률

우리 검결의 이해 / 차례

제 1 부

무(武) · 검(劍)의 이해

1 무(武)의 개념

　오늘날 무(武)라 하면 대부분 기술적 쓰임보다는 마음을 수련하는 심치(心治)의 기능으로 생각하는 이들이 많다. 이는 사회 문화적인 영향으로 동양 무술의 이미지가 갖는 의미와도 일맥상통한다. 무술의 대가는, 백발에 구름을 타고 다니는 신선의 이미지이다. 일상사를 벗어나 마음의 평정상태를 지닌 깨달은 이, 깨달은 도인의 이미지를 생각하면서 무를 바라본다.

　물론 단순히 전통무술, 전통무예, 전통무도… 등등의 용어를 사용하였다면, 오히려 무는 신체를 단련하는 기술이라고 이해할 수 있다. 그러나 이러한 이해는 보편적인 이야기이고, 전문적인 지도자나 수련을 오래 한 이들은 각각의 용어적 해석을 구별해서 사용하려는 시도를 많이 하지만, 이러한 시도는 용어의 사전적 의미의 범주를 벗어나지 못하는 경우가 대부분이다.

▓ 무 개념의 시대적 변화

　무를 정의함에 있어서는 시대에 대한 개념이 우선적으로 언급되어야 한다. 이전 시대와 지금 시대는 무에 대한 정의가 크게 다르다. 시대적 환경이 과거와 현대가 다르기 때문이다.

개개인의 무에 대한 이해는 입신양명와 기회, 국가에 충성을 다하는 계기로 되기도 하였다. 무란 호국보민(護國保民)의 수단이다. 일단은 무의 기술습득을 통하여 수련의 단계를 높이고, 여기에 무의 철학이 개입하는 것이다. 과거 무에 대한 철학은 개인의 이해도를 완성하는 것보다는 국가를 먼저 생각하는 것이었을 것이다. 과거에는 전쟁의 수단으로 무를 습득하였다. 즉 무는 국가의 안위와 개인의 방어차원으로 이해되었다.

오늘날에는 전투 수단이 화포 무기로 변천하였으므로 단순히 무의 기술 습득만을 추구하지는 않는다. 오히려 무의 기술적 습득이 마음의 수련〔心治〕에 역효과를 나타내기도 한다. 오늘날의 무의 수련 목적은 무의 기술적 완결을 통해 자기 내면의 완성을 추구하여 가는 것이다. 그리고 일면적인 검의 기술적 완성에 최종 수련 목적을 두고서 수련을 한 이들이 가끔 사회문제를 야기하기도 한다. 이른바 학교나 사회의 폭력이다.

이러한 경우는 과거에도 존재하였지만, 오늘날에는 심각한 후유증을 가진다. 현대에서의 무의 수련 목적은, 위에서 말했듯이 뚜렷하다. 이러한 수련 목적에 다다르기 위해서는 좀 더 세심한 마음가짐을 가져야 한다.

그러나 대다수 수련자나 지도자들도 수련의 최종 목표나 무의 개념을 이해하지만, 그 접근 방식에는 힘들어 한다. 물론 이제까지는 개인적 수련과정에서 단순히 기술적인(예를 들면 검법) 것만을 배우고, 나머지(검법의 정확한 해석이나 내재된 철학적 가치)는 각자의 노력에 의하여 결정되어졌다.

하지만 이제는 대다수의 도장이 모든 면에서 변하여야 한다는 공감대를 형성하였다. 지도자 각자가 피나는 노력을 해야 하지만, 주변 여건(대부분 스스로의 한계인식으로 인한 여건)을 헤쳐나가기란 결코 쉬운 일이 아님을 알 수 있다.

일선의 도장이나 전수관에서 검도 수련을 할 경우, 검법만을 기존의 형태 그대로 전수하고 전수받고 하는 행위 그 자체로 끝난다. 또한 전수 과정에서도 지도자의 능력에 따라 일탈되는 부분이 많다.

▌무 수련의 역사성

검법의 형성과정. 검법이 태고 적에는 어떠한 방향에서 설정되었으며, 지금에는 어떻게 변용되고 있는지? 왜 그러한 방향으로 유도를 하고 '나는' 이것을 수련하면서 무엇을 얻을 수 있으며, 무엇을 깨달으라는 것인지 등등의 자율적인 수련 내용이 대부분 간과되어 있다. 그러나 이러한 근본적 사항들에 대한 의문점에 항상 익숙하여야 한다.

이러한 내용들을 간과한 채 검도 수련이 이루어진다면, 수련을 통하여 동양철학을 이해하고 나름대로의 검도 철학을 완성할 수 있겠는가? 전수하는 이와 전수받는 이 모두가 주체성을 가지고서 검법을 이해하여야 한다.

물론 과거에도 무의 기술 습득만이 완전한 단계라고 여기지는 않았지만, 1차적 목표는 기술 습득에 의한 국가와 개인의 안전이었다. 그러한 시대에서는 무의 수련 목적이 무적 기술 습득이 최우선이었다. 기술의 최고 난이도를 습득한 이후, 그 다음 심치의 수련으로 진행하는 것이 일반적인 무의 수련체계였다.

이런 과정을 거치면서 무의 원리나 마음의 수련이 진행되는 데는 한 평생의 시간이 필요한 시기였다. 오늘날에는 무의 수련 목적으로 대부분 심치 기능을 강조하므로, 과거보다는 수련의 강도가 약해졌다. 하지만 마음의 수련은 과거보다 다양한 방법으로 행한다.

굳이 오늘날에는 기술적 완성을 이룬 후에 다시금 마음 공부를 할 필요가 없다. 무의 기술적 완성을 과거처럼 굳이 빠른 시일 내에 이루어서 국가의 안위나 개인의 안전을 이룰 필요가 없는 시기이다. 그래서 천천히 무를 수련하면서 보다 근원적이고 중요한 문제인 마음 공부를 하는 것이다. 이러한 수련체계에서의 무는 마음 공부를 하기 위한 매개체일 뿐이다.

무의 수련이라는 명제는 역사성을 가진다. 과거의 수련체계와 현대의 수련체계는 차이가 난다. 이는 바로 무의 수련을 칭하는 용어의 변화를 초래하였다. 다시 말하면 이러한 용어적 의미의 분화는 무의 수련이 시대적 변화를 보인다는 증거이다.

무의 명칭과 관련된 개념으로 초기에는 기술적 의미에서 '무술'이라는 용어를 사용하였다. 이후 점차 '무예'라는 용어가 도입되었으며, 이제는 '무도'로 통일되어가고 있다. 이러한 변화과정을 용어의 변천으로 구분지어 살펴보자.

2 무(武)의 용어 변천

▌무(武)의 변화

무(武)는 그 행위 양태에 따라 무술(武術), 무예(武藝), 무도(武道)라고 분류하기도 한다. 또 무(武)는 그 행위 수단에 따라 권법(拳法), 검법(劍法), 창술(槍術), 봉술(棒術) 등이라고도 한다. 이때의 '법'이나 '술'의 의미는 무적 행위의 사용기술이나, 각각의 무적 행위가 매개하고 있는 수단을 표현하고 있는 말이다. 이러한 용어들의 의미를 구분하여 보자. 선행 연구를 참고하여 보면,

임동규는, 무예는 중국의 경우에는 술(術) 또는 법(法 : 예컨대 검술, 검법 등)이라 하고, 일본에서는 도(道)로 호칭하고 있다. 그런데 우리나라에서는 '무예'라 칭했음이 특징적이라 하겠다.(임동규,『한국의 전통무예』)

그리고 중국인들은 흔히 검술, 검법, 권법이라고 하는 식의 표현에서 '술'은 수단 또는 기술로서 최하위의 개념이고, '법'은 한층 규범적 의미가 있는 것으로 인간이 마땅히 하여야 할 당위나 사회생활 속에서 인간이 지켜야 할 도리나 예절같은 것들을 검법이나 권법의 수련으로써 터득하게 되는 것이며, '도'란 인간생활 중 최고가치를 부여하는 규범이라고 하면서, 이 모두에 대비해 볼 때 우리 선인들은 '무예'라고 불렀다.(임동규,「태권도 철학의 구성원리의 오류와 맹점」,『사회평론』)

나영일은 무술, 무예, 무도라는 개념은 영어권에서는 모두 'martial arts'로 번역되고, 그 발전과정으로서 술, 예, 도의 변천은 실용적 목적만을 주시하는 '술'의 단계로, 그리고 기술을 위한 기술의 추구 또는 기술의 극치를 추구하는 '예'의 단계로, 그리고 기술을 통한 철학적 정신의 추구, 수련의 목적인 교육적 차원의 '도'의 단계로 진화된다는 것이 일반적인 견해이다. 그러나 이러한 것은 절대적인 구분에 의한 개념이 아니다. 중국은 무술을, 일본은 무도를, 우리나라는 무예라는 말을 더욱 선호하였다.(나영

일,『조선조의 무사체육에 관한 연구』)

최복규는, 김광석의 해석을 인용하여 '법(法)'이란 몸의 움직임을 총체적으로 지배하는 원리, 이를 세분하여 수련을 위한 방편으로 삼는 것이 심법, 안법, 수법, 신법, 보법과 같은 류들이 법의 의미에 해당한다고 하겠다. 술과 예는 기술적인 면에서 숙련된 상태로 법에 의해서 지배되는 원리들이 능숙하게 표현되는 것을 말한다. 결국 몸을 통한 기술의 표현이라는 의미에서 무술 혹은 무예라는 표현이 적절하게 사용될 수 있다.(최복규,「전통무예의 개념 정립과 현대적 의의」)

▌술 · 예 · 도 · 법 · 세의 이해

무의 명칭에 관한 위의 연구에서 보았듯이, 명칭의 구분 방식은 언어적인 용례(술, 예, 도)와 함께 무의 기술(skill)적 과제와 정신적 완성(mind control)이나, 내재된 무의 철학적 이해에 관한 해제이다. 그러면 일반적으로 이해할 수 있는 무의 명칭에 관해 설명을 해보자.

무술(武術)은 과거의 전쟁에서 승패의 주요 변수인 무적 기술 능력을 의미한다고 하겠다. 인간의 신체능력에 도구를 사용할 수 있는 능력을 뜻함이다. 도구의 사용은 인간의 욕구를 충족하기 위한 자연스런 행동이다. 즉 뚜렷한 상대나 대상을 위한 기술의 습득이나 숙련의 정도를 의미하는 말이 무술이다.

무술의 의미를 단순히 기술적인 단계로만 단정적으로 얘기하기는 힘들지만, 일반적 의미로 보아서는 어느 정도 이해할 수 있다. 단지 부가한다면, 무술의 고수가 된다는 의미는 단순히 기술적인 의미의 고수만을 일컫는 것은 아니다. 당시의 언어적 표현이 무술이라고 한정되어서, '예'나 '도'의 함축적 의미가 무시된 기술만을 강조한 수련과정이었다고 생각하면 안된다. 곧 역사상의 명장들이 모두 무술의 대가였다는 표현은 거의 안 쓴다. 곰곰이 생각해 보기 바란다.

무예(武藝)는 기술의 숙련 정도를 뜻하는 것이 아니라, 무를 접하는 마음이나 정신까지도 포함하는 의미이다. 검을 잡고서 상대를 제압하는 것을 추구하는 것이 아니라, 검을 접하는 이들의 정신을 우선시하는 의미가 무예에는 내포되어 있다.

우리나라에서는 무예라는 용어가 주로 조선시대 이후에 나타나는 것을 볼 수 있다. 이는 조선조의 무인들이 유교적 정신을 바탕으로 하였으므로 무(武)를 취하는 데도 그 마음 자세를 중히 여겼던 당시의 풍조를 드러내는 증거이다. 무예라는 용어의 쓰임의 전성기(1794)가 200년이나 지난 오늘의 우리에게도 익숙한 용어는 결국 '무예'이다. 우리 선조들은 '도'를 드러내고서 '도'라고 일컫기보다는 은유적인 의미로써 인생의 삶 속에서 각자의 '도'를 실천하였다.

무예라는 표현에서 보듯, 일촉즉발의 생사의 갈림길에서 가장 중요한 무를 일컬어 '예'라 함은 생사의 의미를 풍부하게 받아주는 정신적 초연함이 드러난다. 오히려 다음 세대에서 쓰는 '도'의 개념보다는 포괄적인 의미로써 '예'의 개념을 우리 선조들은 즐겼던 것이다. '예'란 결국 기술적 완성에 넉넉한 '도' —— 동양철학의 정수인 노자의 「도덕경」에서의 도 —— 의 개념까지도 포함한 초월적 의미였을 것이다.

무도(武道)라는 용어는 근대 이후에 일본에서 우리나라로 건너온 것이다. 최복규의 논문에 의하면 "무도라는 용어는 일본에서 에도시대 초기에 발견된다고 하였다. 그러나 무도라는 용어가 일본에서 보편적으로 상용되었던 시기는 유술이 유도로 개칭되면서이다(1882)." 이후 검술이 검도로 개칭되었다.

일본에서의 이러한 용어 변화는 다음의 의미를 내포하고 있다. 이전에는 전쟁을 위한 실전적 기술이 우선시되었지만, 평화의 시기에는 실전적 기술보다 개인의 심신수련이라는 새로운 개념으로 무를 행하는 변화의 의미이다. 여기에서 무도라는 개념을 알 수 있다. 이전의 기술 위주의 수련 내용에서 이제는 심치(心治)를 위한 무(武)로의 변화이다.

무도라는 용어에서는 다분히 일본 정서의 흐름이 느껴진다. 일본의 내부사정에서 알 수 있듯이, 그들은 계속된 내전의 참화에서 무를 통한 은자적인 동양철학을 갈구하기가 힘들었을 것이다. 이는 현재의 검도 문화에서도 느껴진다.

그러면 심치의 방법으로 무를 행하기 위해서는 어떤 과정을 포함하는가 살펴보자. 먼저 무의 기술적 바탕이 전혀 없다면 무를 깨닫기가 매우 힘들다. 안정된 기술 습득이 먼저이고, 다음으로 검의 내면화와 검의 인격화가 동시에 이루어져야 하겠다. 이를 위해서는 끊임없는 수련이 이루어져야 한다.

일본의 거합도는 발도와 베기, 납도의 순서로 정해져 매우 단조롭다. 이는 우리의 검법 문화와는 거리감이 있다. 실전 위주의 거합도와, 검법을 통해 내재성을 추구하는 우리의 검도 문화와는 차이가 있는 것이다. 이후 일본은 내전의 종식과 더불어 서양 화포 무기의 유입으로 더 이상 무의 쓰임이 없어져 정체성에 혼란을 겪었다. 이 시점에서 새롭게 이루어진 개념이 '무도'이다.

다음으로 검법, 권법 …… 등 **법(法)**이라는 개념 정의이다. 법이란 무를 행하는 동작의 객체에 따른 표현이다. 법은 인체(안법, 보법, 도법)나 병장기(검, 창)의 모든 원리를 설명하고 이론화한 개념이다. 법은 법 각각의 원리와 함축하고 있는 의미를 파악하는 것이 가장 중요하다. 검법은 검을 사용하는 모든 동작들의 원리를 먼저 이해하여야 한다. 그 다음에는 각각의 검의 동작이 총체적으로 묶여서 나타내는 의미를 깨달아야 한다.(이러한 의미를 파악하기 위해서는 수많은 동작의 반복 수련이 필요하다)

검법은 실제적인 검의 사용방법을 말한다. 검법에서의 각각의 동작은 실전을 위한 동작이다. 즉, 무에 있어서 법이란 인체(몸)가 가지는 원리에다가 각각의 병장기들이 가지는 고유의 원리가 첨가된 의미이다. 법이란 개념은 '기본적으로 인간의 몸을 바탕으로 해서 각각의 동작이 이루어졌다'라고 이해하면 될 것이다.

또한 법의 테두리 안에 **세(勢)**라는 용어가 있다. 세는 법을 이루는 각각의 동작을 의미한다고 이해하면 될 것이다.

『무예도보통지』의 예도보(銳刀譜)에서는 세를 다음과 같이 구분한다.

조선의 세법(勢法)은 처음에 안법(眼法), 격법(擊法), 세법(洗法), 자법(刺法)을 익힌다.

격법에는 다섯가지가 있다. 즉 표두격, 과저격, 과우격, 익좌격, 익우격이다.

세법(洗法)도 봉두세, 호혈세, 등문세 세 가지가 있다.

자법에도 다섯가지가 있다. 역린자, 단복자, 쌍명자, 좌협자, 우협자가 있다.

격법에도 거정격, 선풍격, 어거격 세 가지가 있다.

검무(劍舞)는 검도나 검법과는 개념이 다르다. 검법처럼 실전적인 의미를 갖기보다는 보여주는 개념으로 시작한다. 그래서 검무는 검의 기세를 나타내는 것만으로 자기 한계를 가진다. 현대적 시각으로 해석해 보면 검무는 검을 가지고 미(美)를 추구하는 창작 무용이라고 할 수 있겠다. 검무에서의 검선(劍線)은 아름다움을 추구하는 동작들이다.

검도의 이해

도를 구하고자 많은 이들이 수행을 하고 있다. 검도를 수련하는 이유의 큰 맥도 도를 이루고자 함이다. 결국 도를 구함에 있어서 검도는 하나의 방편이요, 수단이다. '도'라는 숲을 이루는데 있어 검도는 하나의 나무일 것이다. 나무의 뿌리에는 검의 철학적·기술적 가치가 있으며, 가지에는 검의 기술이나 원리가 맺혀 있어, 수련을 통하여 하나씩 이루어가는 과정이 검도 인생의 '도'가 될 것이다.

검도의 완성은 검을 통하여 자아를 성찰하고 나를 알아가는 과정이다. 결국 도를 실천한다는 것은 주관과 객관 사이에서 나를 알고서 나의 존재를 이해하는 것이다.

어느 민족이든 역사가 시작되면서 칼을 사용하였다. 칼의 용도가 시대적 변천에 따라 계속 변하였지만, 칼 문화는 우리에게 매우 필요하였다. 칼은 전쟁 시에는 필수적 무기였으며, 의식주에서는 생활의 도구로써 없어서는 안되는 장구이다. 그래서 전쟁 시기에는 국가나 개인을 지키기 위한 방편으로 칼을 사용하는 법에 대한 연구를 하였다.

오늘날의 칼 문화나 사용법은 이전과는 많은 차이점을 가진다. 전쟁이 칼이 아니라 화포류로 변화되면서, 칼은 국가나 개인의 정신적 무장으로 변용되었다. 칼의 사용법은 기술의 습득 우선에서 마음의 깨달음으로 변화되었다.

칼을 포함한 무기류의 사용법에 대한 명칭은 시대적 · 사회적 흐름에 따라 계속 변하였다. 일반적으로는 무술, 무예, 무도라는 용어로 혼용, 변천하였다. 이러한 명칭 변화의 의미를 정확히 구분하여야 우리 검도 문화에 대한 이해를 폭넓게 가질 수 있게 된다.

명칭의 변화에 대한 역사적 시각 못지 않게 중요한 문제는 우리 검도의 역사에 대한 이해일 것이다. 이는 역사를 보는 시각[史觀]에 따라 많은 차이가 있다. 단순히 역사 교과서의 내용에서 장수들의 일화를 꺼내어 검도의 역사라고 보는 관점도 있으며, 교과서와는 다른 담론을 강조하여 검도의 역사를 보는 관점 등등 다양한 시각들이 있다.

현재의 상황에서 검도의 역사를 판단하기보다는 과거의 상황을 이해하면서 검의 역사를 살펴보고자 한다. 즉 전쟁 목적을 위한 검의 역사와, 평화의 시대에서 치안 유지와 자아 탐구를 위한 검도의 역사 등등의 시대적 배경을 이해한다면 검도의 역사에 대해 새로운 시각을 가지게 될 것이다.

검도를 일컬어 예전에는 검술이라 하였고, 이후에는 무예라 총칭하였으며, 오늘날에는 검도라고 부른다. 이러한 용어의 차이에는 단순히 어원의 차이가 아닌 내포된 뜻, 즉 철학적 의미로써 약간은 구별된다.

검도는 일본이 종주국이며, 따라서 우리가 수련하는 검도를 일본 것이라고 말하는 이들이 많다. 이러한 이유는 '검도'라는 명칭이 일본에서 전래되어 왔다는 의식에서 출발한다. 우리 검도를 이해하려면 '검도'라는 용어부터 다시 정의되어야 한다.

1 검도의 분류

일반인들에게 스포츠[Kendo]로 인식되고 있는 검도(호구를 착용하고 상대와의 겨루기를 통한 수련법)와 무도로 인식되는 우리 검도(전통적인 검법 훈련을 통한 수련법)에 관하여 살펴보자.

■ 우리의 검도, 일본의 검도(Kendo)

근대 일본에서 발생하여 세계화를 이룬 스포츠가 몇 가지 있다. 그중 하나가 유도(Judo)이고, 다른 하나는 검도(Kendo)이다. 곧 검도는 죽도 격검이다.

한국의 태권도처럼 세계화를 이룬 일본의 검도 스포츠는 'Kendo'로 세계에서 불리우고 있다. 다만 우리나라에서는 'Kumdo' 즉 대한검도라고 칭한다. 스포츠 검도의 내용은 태권도처럼 겨루기를 통하여 상대의 존재와 죽도의 쓰임에 관하여 공부하는 것이다. 한편 일본에서도 겐도 수련 외에 이아이도(Iaido)라고 하여 진검 사용을 위주로 하는 수련법이 있다. 여기에는 발도술과 본(本)수련이 포함되어 있다.

반면 '우리 검도'는 현대에 이르러서는 스포츠적인 개념(경쟁적 겨루기)보다 검의 기술적 사용법을 법(法)이나 세(勢)를 통하여 배우고, 정신적 자세를 검법을 통하여 가다듬는 구도(求道)의 수련법을 강조하고 있다. 겨루기는 한손 죽도를 사용하는 것을 원칙으로 하고, 숙달이 된 후에는 죽도를 양쪽으로 잡고서 수련한다.

2 검도의 전파

'검도가 일본에서 전래되어 왔다', '백제가 검술을 일본에 전하였다' 라는 등등의 설이 난무하고 있다. 인류의 역사 흐름에서 검을 사용하지 않았던 민족이나 국가는 없다. 검이 생존을 위한 필수의 장비였음은 주지의 사실이다.

검의 사용 목적은 시대에 따라 계속 변화하였다. 하나의 완성된 검술이 한 국가나 한 민족에게만 존재하였다고 보기는 힘들다. 각각의 환경에 따라 고유의 검술이 전래되어 왔다고 이해하는 것이 보다 정확할 것이다. 어디가 종주국이며, 그 나라에서 다른 나라로 전파했다는 개념보다는 고유의 자생적 검술에 신기술이 첨가되었다는 개념으로의 이해가 필요한 부분이다.

곧 일정한 형식과 방법의 존재 위에 새로운 방식이 결합되는 것이다. 물론 결합의 조건은 자신들의 형식과 방법보다 우위에 있는 것을 흡수하는 것이다. 우위에 있다는 것은 당시의 전쟁기록들을 통하여 알 수 있을 것이다.

▌ 고대의 무술 교류

전성기의 수나라, 당나라가 고구려에 참패한 이유는 전술적 이유와 함께 단병 기술이 고구려에 뒤지기 때문이었다. 중국의 고서에는 고구려의 무예에 관한 내용이 비교적 상세히 소개되어 있다. 이러한 자료들을 근거로 지금 이 시대에 고구려의 웅장한 스케일을 복원, 또는 고증하고 있는 것이다.

한 국가의 역사적 사실이나 당시 상황을 파악함에 있어서 실사본이 있으면 좋지만, 그렇지 못한 경우에는 이웃 국가의 기록도 대단히 중요하다는 사실을 우리는 중국의 사서를 통하여 알 수 있다. 우리의 사서는 일제를 거치며 많이 유실되었지만, 이웃 중국이나 일본의 사서를 통하여 많은 것을 찾아내고 있는 것이다.

또한 신라와 백제도 고구려의 전성기에 뛰어난 첩보전으로 서로의 약점을 보완하며 신기술을 개발하여 우위를 점하려 하였다. 이러한 각국의 노력이 전성기와 쇠퇴기를 구분짓는 경계선이다. 생존을 위한 각국의 노력없이 단지 '누군가가 전하여 주었다'는 일방적 문화의 흐름은 결코 있을 수 없다. 특히 국가의 생존을 보장하는 국방 기술이 단순 보급되었다는 인식은 상식적이지 못하다.

각국이 병립하며 존치하기 위해서는 대립과 발전을 거듭하는 것이다. 그러나 백제와 일본의 역사에서는 상호 대립하는 것이 아니라, 백제 강성기에는 일본이 문화를 수입하는 입장이었으며, 백제 멸망 이후에는 백제 문화의 연속선 위에서 일본 고유문화가 발전되었다. 일본의 역사는 백제의 선진문화만이 아니라 중국의 문화도 시대별로 수입하여 일본화에 적극적이었으며, 이 결과 자기들의 문화를 계속 발전시켜 나갔다. 일본은 지리적 특성으로, 일단 외래문화가 들어오면 바로 자기 문화와 혼합하여 일본적인 요소로 대부분 변용시킨다.

백제 검술이 일본으로 전수되어 일본의 검술 문화에 영향을 미쳤으며, 곧바로 일본은 이를 더욱 발전시켜 일본화를 이루었던 것이다.

■ 일제시대의 검도(Kendo) 보급

일제시대 한반도에 유입된 일본의 검도는 겐도의 죽도 경기술을 보급하여 큰 반향을 일으켰다. 새로운 명칭과 방식으로 일본의 겐도를 소개하였다. 겐도는 일본의 시대적인 상황에서 새로이 형성된 문화였다.

이 검술 문화는 이전의 전쟁의 산물인 진검술이 제외되고, 죽도 경기술이 개발되어 메이지 유신 이후의 새로운 흐름이 되었다. 이러한 일본 검술 문화가 한반도에 유입되어 '대한 검도'라는 명칭으로 정착하였다. 이후 해방 전후의 혼란기를 겪으면서 일본 겐도는 우리 선조들이 외침에 대항하여 나라를 지키던 검술 문화로 오해되면서 통용되어 왔던 것이다.

이러한 오해는 비단 검술 문화에만 국한되어 있는 것이 아니다. 2000년대를 사는 오늘에도 식민사관의 잔재가 곳곳에 퍼져 있는 것이 현실이다. 이러한 문제는 오늘의 세대에만 해당되는 것이 아니라, 다음 세대의 아이들이 배우는 교육현장에서도 시급히 청산해야 할 문제로 대두되고 있다. 이에 대한 근본적인 대책이 마련되어야 할 것이다.

■ 우리 검도의 복권

우리 검술의 명맥은 근근이 이어져 1980년대 '국풍' 바람을 타고 다시금 우리 문화로서 자리를 잡았다. 우리 검술은 이전의 일본에서 전래된 죽도 경기술이 아닌 새로운 모습으로 나타났다.

목검 형태의 검법 위주 수련과 진검 수련을 기본으로 하면서, 일본에서 전해져 온 거합 양식의 진검술과는 다른 형태를 나타내고 있다. 일제시대에 전래된 검도는 겐도, 곧 죽도 경기술이며, 또한 일본에 여전히 존재하면서 지금도 국제적인 활동을 하고 있는 진검술인 이아이도(Iaido, 居合道)도 우리의 전래 검술 문화와는 분명한 차이점이 있다.

일본과 우리나라의 진검 수련법은 내용 면에서도 매우 다르다. '우리 검도'라고 표현하는 '검도'는 윗대부터 꾸준한 명맥을 유지하다 일제 치하 후 잠복하였다가 1970년대 이후에 새롭게 번성한 검도를 말한다. 그러므로 1910년대 일본에서 유입된 검도와 '우리 검도'는 분명한 차이가 있다.

3 검도의 명칭

검도라는 명칭에 관하여도 많은 논란이 있다. 우리 문헌에는 '검도'라는 용어가 없다. 일본에서는 근대 이후 '도'라는 용어를 여러 곳에서 사용하고 있으며, 그리하여 '검도'라는 명칭을 공식적으로 쓴다.

검도라는 명칭에 관한 단순한 역사적 기록이나 칼을 쓰는 행위를 보고서 이것이다 저것이다라고 단정하기는 힘들다. 오히려 '도'라는 개념 위에서 이해를 하며 검도의 명칭에 관하여 생각해 보자.

검도의 용어적 이해는 우리 검도를 이해하는 데 기본 바탕이 될 수 있다. 또한 우리 검도의 원류나 전형의 정체성을 이해할 수 있으며, 앞으로 검도인이 무엇을 해야 할 것인가에 대한 해답이 나올 수 있다.

'검도'라는 용어가 일본에서 먼저 형성되었다고 하여 '검도'의 개념 자체를 일본이 원형이라는 평면적인 해석보다는, 이전 시대와는 다른 역사적·사회적인 차원에서 '도'의 개념을 받아들일 수밖에 없는 새로운 상황 인식이 필요하다.

일본은 메이지 유신 이후 폐도령에 의한 무사들의 정신적 공황 상태를 극복하기 위하여 죽도술의 개발과 함께 새로운 방식의 경기를 제안하면서 전국적으로 무사들의 관심을 유도하였다. 물론 죽도 경기술이 일시에 시작된 것은 아니지만 목검 대련과 병행되면서 점차 목검 대련은 사라지고 죽도 경기술이 보편화되어 갔다.

한편에서는 죽도 경기술의 번성에도 불구하고 수련 목적의 진검술이 명맥을 유지하여(Iaido), 지금도 진검술은 여러 유파로 나뉘어서 수련되고 있다.

이러한 시대적 분위기에서 진검술의 퇴보(유행적인 의미에서) 및 경기 죽도술의 발전에 따른 새로운 개념의 검 문화가 필요한 시대적·사회적 상황이 도래하였기 때문에 이 바탕에서 '도'의 개념이 나타나 '검도'라고 명명되었던 것이다.

일본의 사정과는 별개로, 우리나라에서는 개화와 이에 맞선 쇄국정책의 혼선으로 세계적 흐름에서 점차 도태되어 신문화와 전통문화의 변증 발전의 시기를 놓치게 되고, 일방적인 일본 문화의 흡수 시점이 도래한다. 그 극단이 한일합방인 바, 이로 인한 조선의 문화는 퇴보의 나락으로 빠진다.

이러한 상황으로 인하여 100여년이 지난 오늘의 시점에서도 여러 문화 영역에서 여전히 식민사관에 허우적거리는 우리의 모습을 보면, 앞으로의 역사에 대한 책임감이 막중함을 깨달아야 하겠다.

일본 검도는 시대와 사회적 배경을 바탕으로 한 문화적 산물이다. 이에 반하여 우리나라의 검도 문화는 일본의 배경과는 전혀 비교가 되지를 못한다. 일본에서는 이전의 검 문화에서 의식의 전환이 새롭게 도래하여 자연스럽게 검술 문화에서 검의 정신, 이른바 '도(道)'로의 전용이 이루어져 검도로 이어지는 단계를 밟은 것이다.

우리나라에서도 '도'의 개념은 이전부터 존재하였다. 그 개념은 신선도, 화랑도, 국선도 등등으로 이어지면서 정신적 무장을 강조하였다. 근대 일본에서 성장한 '검도'의 철학적 개념과 오랜 역사를 가진 우리의 화랑도, 신선도의 '도' 개념을 비교하면서 검도 문화를 이해해 보자.

■ 시대 문화적 배경

일본에서 '유술'을 '유도' (카노지고로〔嘉納治五郎〕가 처음 사용)로 바꾸어 쓰기 시작한 것은 1882년이다. 그리고 일본 학교체조 교수과목인 '격검'이 '검도(劍道)'로 개칭된 것은 1926년이다.

'술(術)'에서 '도(道)'로의 변화는 전쟁의 시기에서 평화의 시기로의 변화와 그 맥을 같이한다. 사회적 분위기 때문에 상대와의 1 대 1 대결이 사라졌고, 산업화와 무사들의 정치세력화로 인하여 무사들의 투쟁심이 소멸(적과의 인식 공조가 자기 내부의 성찰로 목표가 변경)되었다. 이와 함께 그들의 정신적 공황을 해소시키기 위해 개개인의 자기성찰(禪, zen) 개념인 '도'로의 인식전환이 공감을 얻으면서 쉽게 변용되었다.

이에 반해 조선은 문치주의 이념이 워낙 강하였기 때문에 무(武)를 발전시키거나 무의 덕목으로 정치를 할 상황이 아니었다. 물론 이 시기 우리나라는 무술뿐만 아니라 민족 정기도 쇠퇴하고 고사되었던 때이다.

즉 시대적 흐름에서 우리나라는 전시의 왕성한 무적 수련을 평화시대의 내적 수련의 단계로 승화시키는 무(武)의 단계를 잃어버린 결과, 기술의 완성도에서는 여타의 나라들과 대등한 수준을 이루었으나, 내면적 수련과정은 과거와의 연속성에서 약간의 문제가 생긴 것이다.

우리나라는 이전의 역사보다는 현재의 노력과 발전과정에서 이미 다른 나라의 무적 이해 수준에 도달하였으므로 지금부터의 자세가 더욱 중요한 것이다.

일본은 전시적(戰時的) 무술에서 자기 성찰의 무도 개념으로 (1882) 도(道)를 취한 것으로 평가할 수 있다.

우리나라는 무도체계에서 도의 개념에 대해 진정으로 탐구한 역사가 얼마 되지 않는다. 또한 현재도 몇몇 사람들만이 도의 개념으로 무에 접근하고 있다. 이제는 도의 개념에 대한 이해와 완성도를 가지면서 무도의 '도'적인 면을 대중적 인식으로 전환시켜야 할 때이다.

앞에서도 언급하였듯이, 우리나라에서는 '무예'라는 용법으로 '도'의 개념을 포괄하고 있었던 것이나, 일본은 하나의 횡단적 개념으로 '도'에 대해 이해하고 있었던 것이다.

검도란 개개의 인간이 자아를 탐구하고 행하는 방편으로 검을 택한 것이다. 그러자면 먼저 검의 쓰임적 수법(이론과 실기)을 연구하고 깨쳐야 하며(물론 깨침은 없는 것이다. 본래 면목은 무지〔無知〕이다), 다음으로는 검의 원리와 삶의 원리에 대해 통합적으로 이해해야 한다.

결국 검도는 자아를 찾으며 삶의 진리를 탐구하는 길을, 검을 통하여 이루어 가는 수련체계와 그 과정인 것이다.

검의 움직임은 검법이나 검술로 표현한다. 검법과 검술은 서로 다른 함축적 의미를 가진다. 검법은 내용적인 면에서 우주의 원리나 자연의 이치를 함축하고 있다. 검법은 형식면에서 조직적이며 체계적으로 구성된다. 검법의 외형적 형식은 지형적 특성을 많이 반영하였고, 시대적 흐름에도 민감하였다. 검술은 검법의 외형적 형식을 강조한 의미로 이해하면 될 것이다.

그러면 중국이나 일본의 검법, 검술을 어떻게 이해해야 할까 하는 의문점이 생긴다. 그러나 동양 삼국(한국·중국·일본)의 검법은 거의 비슷한 자세나 형태를 가지고 있다. 그리고 검술은 어느 한 나라가 종주국이 아니라 각국의 지형적 특성과 시대적 상황에 맞게 계속 변화되었다. 이러한 출발선을 가지고 검법이나 검술을 파악하면 될 것이다.

1 우리 검도의 유래 : 해동검도를 중심으로

우리 검도의 역사를 정리하면 사료 및 전수과정에 대해 다소간의 논란이 있으나, 대체적으로 1965년 이후 우리 검도의 역사는 숭산 대선사와 원광 스님을 정점으로 하여 재정립되어진다. 서산, 사명대사 이후 참선검법의 선구자인 원광 스님이 우리나라의 검

문화를 창조하는데 엄청난 영향력을 발휘하였음은 주지의 사실이다. 오늘날의 검법의 원형을 이야기하자면 항상 원광 스님과 직간접적으로 관련되어 있음을 알 수 있다.

원광 스님의 검법은 전언과 비디오, 관련 노트를 통하여 수 차례 비공식으로 공개가 이루어졌다. 많은 수련생들이 우리 검도의 역사를 올바로 인식하기를 바라는 마음으로 이를 소개한다.

■ 우리 검도의 역사

검과 검법의 역사는 철기시대를 기점으로 하여 검의 재질과 용도에 따라 나뉘어진다. 철기시대 이전의 검은 생존을 위한 도구로서의 존재가치가 컸다. 철기시대 이후에는 국가간의 정복전쟁 때문에 검의 존재가치가 컸다. 정복전쟁 때 검은 이를 사용하는 이들의 기술력뿐만 아니라, 그들의 정신적 무장이 중요하였을 것이다. 철기 이전의 검 사용법과 이후의 검 사용법은 많은 차이를 보인다. 이러한 점이 검과 검법의 역사를 구분하는 분기점으로 해석될 수 있을 것이다.

삼국시대와 발해, 고려 시기에 관한 설명은 이미 여러 책에서 소개되고 있다. 필자의 『우리 검도의 원류』에서도 위 시기에 관하여 언급하였으므로 이 책에서는 생략하고, 바로 조선시대 이후의 사정을 살펴보도록 한다.

조선시대 이후는 평온 속에서 또 다시 당쟁이 일어나는 악순환으로 이어지는 관료정치 시대였다. 임진왜란을 겪으면서 무인(武人)의 필요성을 인식하여 체계적인 제도를 통해 무인을 양성하려 하였다. 또 국방체제의 개혁을 통하여 국가의 방위력을 높이려고

하였으나, 곧바로 서양으로부터의 총·포 유입으로 전통무예의 혼란이 오게 된다. 또한 조선 말에는 일본의 압박으로 우리 전통무예가 급속히 소멸되어 갔다.

광복 이후 30년이 지나서야 서서히 잊혀진 민족문화를 되찾는 운동이 전개되기 시작했다. 오늘날에는 많은 옛 문화들이 복원되고 재구축되는 과정에 있다.

▌심검도와 해동검도

세계심검도협회(미국)의 관련 자료를 참조하여 심검도의 역사를 정리해 보았다.

- 1965년 5월 31일, 대한 불교 심검도 주지 및 총재 이행원(숭산) 대선사로부터 심검도 창시 인정서를 원광 스님이 수여받음.
- '대한 불교 심검도'가 처음으로 일반 대중과 인연을 맺은 시기는 1970년 7월 1일 서울시 성동구 신당동 273번지에 '대한 심검술'이라는 이름으로 총본관을 개관하고, 일반회원을 모집하여 검도를 보급하면서였다.
- 1971년 7월 20일 '대한 심검술'이라는 단체명을 '대한 불교 심검도'로 개칭하였다.
- 1971년 8월 2일부터 9월 말까지 일본에서의 시범 활동을 통하여 큰 반향을 불러 일으켰다.
- 1971년 10월 7일 화계사에서 총재 이행원(숭산) 대선사를 모시고 선포식을 거행함.
- 1971년 10월 30일 대한불교 조계종 중앙교육 제1기생들에게

심검도를 교육하고 수료증 수여함.

- 1971년 신당동 총본관의 건물 사정으로 인하여 잠시 활동을 중지함.
- 1972년 5월 23일, 서울시 동대문구 신설동 76-29번지에 총본 관 개관식을 거행하였음.

심검도의 수련 목적은 검을 통하여 마음의 번뇌를 벗어나는 것이다. 즉 검을 통하여 도를 이루어 나가려는 과정이다. 이러한 수련을 통하여 개인과 국가, 인류의 평화와 안녕을 구원하는 것이 바로 심검도이다.

총본관을 개관한 이래 수많은 이들이 심검도를 전수하였다. 1974년 원광 스님은 심검도의 세계화를 위하여 도미하였다. 국내에서의 심검도 보급은 이상과 같았으며, 이후에는 당시의 사범들에게 맡겨졌다.

그러나 원광 스님이 미국으로 가신 이후 심검도가 해동검도로 개칭되면서(1984) 심검도와 해동검도는 별개의 단체가 된다. 그리고 초창기 해동검도의 전수 내용은 심검도의 전수 내용과 같았으나, 점차 쌍수도와 예도…… 등등 심검도와 조금씩 차이가 생기기 시작했다. 물론 현재도 선방, 선공 등 심검도의 전수 내용을 고단자 과정에서 수련하는 단체도 있다. 이러한 수련 내용은 향후 세계심검도협회와 갈등을 초래할 수도 있을 것으로 예측되는 바, 원만한 해결의 과제가 남아있다.

또한 원광 스님은 숭산 대선사와 함께 세계를 향한 포교와 심검도의 전수를 위하여 헌신하였다. 현재도 원광 스님은 세계심검도협회를 중심으로 미국 보스톤에서 심검도 전수를 위해 활동하고 있다.

한편 해동검도협회는 1993년에 분열되는 현실을 맞이하였다. 해동검도는 내부 갈등으로 침체의 시기를 겪었다. 대부분의 전통무예를 표방하는 단체들이 스스로 전통성을 확립시키지 못하고 분열되는 경우가 많다. 이는 무예의 전통성과 현실의 경제 문제에서 오는 괴리감을 극복하지 못하는 경우에 많이 발생한다.

또 전통성에 대한 연구의 미흡으로 외부 견제세력과의 타협으로 이어지는 경우도 있었다. 전통과의 단절이 오랜 기간 지속되었기 때문에 전통무예를 복원하는 데는 많은 문제점들이 있다. 복원 과정에서 가장 중요한 것은 현대적 시각에 맞게 무예의 동작 분석이 이루어져(현대적 해석) 전통의 계승과 그 과학적 이론화를 병행해야 하는 점이다.

어느 한쪽으로 치우친 전통무예는 발전을 기대할 수 없을 것이다. 1995년 이후 협회는 내부분열을 상호견제 및 경쟁형태로써 극복하고 내실을 다지려 노력하고 있다. 물론 다수 해동인은 단결된 모습을 바라지만, 어려운 문제가 산적한 것이 현실이다. 이런 현실적 문제는 가까운 시일내에 해결될 것이라 묻어두고, 중요한 것은 해동검도의 발전을 위해서는 항상 연구하는 자세로 검을 수련해야 한다는 점이다.

▌ 문제점과 전망

오늘날 해동검도는 한국에서 양적으로 단연 두각을 나타내고 있다. 기존의 태권도, 합기도, 쿵후, 유도 등등 많은 도장들과 어깨를 나란히 하고 있다. 그러나 이러한 보급활성화에 부수되는 것은 질적 문제이다.

해동검도 내부에서도 질적 문제가 우려되고 있다. 많은 도장이 생기면서 관장들의 자질에도 많은 문제점이 나타났다. 일부 관장들은 해동검도의 검법 자체도 이해 못하고서 수강생을 모집하는 사태가 발생하고 있다. 이러다 보니 독선적 교육으로 지도자들의 명예에 먹칠을 하는 경우가 종종 발생하였다.

예를 들면 관장이나 사범이 돈벌이 때문에 도장을 열어 자기도 이제 막 배운 검법을 되돌려 가르치는 현실이 종종 발생한다. 이러다 보니 관장과 사범은 검법에 대한 기술 및 학문적 연구보다는 말로써 자기의 우세를 나타내려 한다. 스스로 하늘에서 떨어진 신선인 것처럼 엉뚱한 과장법이 종종 등장하기도 한다.

필자도 서울대학교 해동검도부의 지도 사범으로 대학생과 대학원의 석·박사들을 가르치고 있는데, 유독 전통무예에 대해서는 신비감을 많이 가지고 있어, 배우는 이들은 지도하는 이가 신비스런 사람이기를 바라는 경향이 있다. 이러한 바람과 과장으로 인하여 종종 우스꽝스런 일이 벌어지기도 한다.

좌우간 전통무예에 관한 한 올바른 생각을 정립하지 못하면 금방 옆길로 샌다. 전통무예를 연구하는 이들에게 이는 직시해야 할 사항이다.

사회는 성인군자와 시정잡배가 공존하게 하여 인간에게 살아있는 공부를 하게 한다. 일부 검도 지도자들이 무도가(武道家)로서의 자질을 포기하고 검법을 파는 장사치로 전락하는 것도 현실이다. 사회에는 이러한 현상이 서로 공존하는 것이다. 안타깝지만 현실은 현실이다.

수련자들은 진정한 마음으로 검을 기술적으로 분석(역학적·미학적)하고, 추상적으로 분석(미학적 상징성)하여 자신의 삶과 인생을 수련하는 도(道)를 얻고자 하는 방향으로 가야 한다. 곧 나 즉 자아를 깨치며 현실의 욕심을 한 꺼풀씩 벗겨가는 수련생이 되어야 할 것이다.

노자의 다음과 같은 「도덕경」 첫 문장은 '도'를 압축적으로 설명한다.

道可道(도가도)면 非常道(비상도)요
名可名(명가명)이면 非常名(비상명)이니라.
(도를 도라고 불러도 좋지만 꼭 도라고 해야만 하는 것은 아니다. 이름으로 이름을 삼을 수는 있지만 꼭 그 이름이라야 하는 것은 아니지 않는가)

오늘의 어두운 면을 개선해 가면서 무한한 가능성을 가진 우리 검도가 앞으로 극복해야 할 일이 태산이다. 앞으로는 명확히 검법의 유래를 밝히고, 그 합리적 검법 해석이 뒤따라야 할 것이다.

단순히 무슨 검법, 무슨 형은 몇 단 과정이라 하여 당연히 배우는 것이라는 생각보다는, 검법의 원형 형성과정 탐구가 고단자의 연구과제이며 숙제인 것이다. 과학적 탐구자세를 가지고 해동검도를 접하면 우리네의 몸짓과 칼을 더욱 진하게 느낄 수 있을 것이다.

검법의 수, 검법의 길(투로)만 가지고 세상의 검법을 다 알고 있다고 생각하는 이들이 많다. 진정한 검도란 검법의 수, 검의 길

(투로)이 제시하는 것이 아니라 내외공(내공은 우주의 기운이 자기의 단전에 모여 발산되는 단계)이 겸비된 몸(心·氣·身)이 알려주는 검의 길이므로, 이를 깊이깊이 명심하고서 검도를 수련해야 한다.

마음을 비우면 비울수록 본마음[本性]에 더욱 접근한다는 사실에 귀 기울여 생각보다는 참선으로 마음을 닦는데 더욱 정진하여야 할 것이다.

2 우리 검도의 특징

우리 조상들의 무예 수련법은 독특하였다. 심신 단련을 위한 무예의 수련이 아니라 국가와 가족의 안위를 위한 호국보민(護國保民)의 정신, 그리고 개인의 정신력을 향상하기 위한 수련이 아니라 개인적 수련을 통하여 국가와 민족을 구원하기 위한 대의(大義)를 품은 수련이었다.

서산대사, 사명대사 등 위대한 선조들에게서 찾아볼 수 있는 것은 단순히 무를 습득하기 위한 수련이 아니라 국가의 장래를 위한 무의 구현방식이라는 대의(大義)였던 것이다. 기술적 수련뿐만 아니라 정신적 사고의 완성을 위하는데 더욱 노력하였음을 알 수 있다.

구체적인 수련법의 사례는 문헌 자료상의 한계로 인하여 밝히기에 어려움이 있다. 하지만 수련을 통한 선조들의 의식과 활동상을 보면 충분히 유추되는 바이다.

▐ 수련 내용

검의 수련법은 검법을 통하여 검리와 검 철학을 이해하는 것이다. 또한 검을 통한 신체단련, 선(禪) 수련을 통한 내공단련을 동시에 한다.

선조들의 수련 내용은 구체적인 정황 증거나 기록이 미미하기에 유추해서 생각할 수밖에 없다. 오늘날의 수련법도 위의 내용과 같은 방법으로 이루어져야 한다. 보다 나은 검 수련을 위한 방안은 위 사항에 기초한 각자의 검리가 이해되는 방향으로 진행되어야 한다.

▐ 수련의 지향

수련방법에서 알 수 있듯이, 수련 자체가 이미 종합적인 무의 습득을 통한 이해이므로 부분적으로만 강조되어서는 안된다. 수련은 전체적인 조화를 가지고서 이루어져야만 한다. 또한 조급한 마음으로 중간 수련이 마무리되어가는 시점에서 그만두거나, 제자리에서 정체되는 우를 범해서는 안된다. 오랜 시간을 갖고서 수련이 이루어져야 한다. 수련을 서두르다 보면 반드시 어느 한쪽 허점을 보이게 된다.

제4장

검도의 수련

도대체 검을 가지고 무엇을 하자는 것일까?

검도 수련을 왜 하는 것일까?

마음 깊은 곳으로부터 나오는 질문에 스스로 답하면서 답을 찾기 몇 년의 세월이 흘렀지만, 지금도 그대로 존재하며 검을 잡고 있다. 물론 나는 나이고 오늘도 칼은 내 손 안에 있다.

1 검도 수련의 의의

검도 수련은 자신의 내면적 완성을 이루기 위하는데 목적이 있다. 일반적으로 검도를 수련하는 이들은 수련을 통하여 진정한 검도인이 되려고 노력한다.

보다 세부적으로 나누어 검도 수련의 의의를 살펴보자. 이것은 결국 검의 기술적 연구와 내면적 인식의 탐구로 귀착된다.

일반적으로 검도 수련은 검의 이치와 쓰임에 관한 종합적인 이해를 요구한다. 검의 기술적인 이해 분석으로 검의 이치와 쓰임의 합리성이나 합목적성을 추구하는 것은 검도 수련의 핵심 과정이다. 이를 제대로 이해하지 못한다면 평생을 수련해도 항상 제자리에 머물며, 누군가가 가르쳐 주기를 바라는 평생의 수련생일 뿐이다.

검의 수련에는 원칙과 도리가 있다. 이는 각자 인생에서의 진로와도 같다. 누구에게나 자기만의 인생이 있듯이, 검의 수련에도 기초과정의 공통 수련을 이루고서 각자의 창의적인 느낌과 방향으로 수련해야 한다. 검을 잡고서 인생을 느낀다면 항상 책임감과 창의적인 사고가 바탕이 되어야 할 것이다.

물론 이러한 수련을 추구하는 것 자체가 상당한 연구 분석이 뒤따라야 한다는 현실을 이해한다면, 검의 기술적 해석 및 창의적인 완성 또한 멀고도 험한 길이다.

검도 수련의 의의는 검의 기술적 해석을 바탕으로 내면적 탐구가 동시에 이루어져야 한다. 검도 수련을 하다보면 누구나 느끼는 기본적인 의구심(수많은 질문과 해답)에 진지한 자세로 접근하다보면 결국 이러한 방향으로 가게 될 것이다.

▌ 내면 수련의 의의

검법의 연마, 상대와의 대련만으로 검도 수련이 완전하다고 여기기는 힘들다. 자기 위주로 검법이나 대련을 해석하여서는 의식이 살아있는 검도를 이해하지 못한다. 즉 상대방과 나, 나와 나, 혼자인 나와 검도를 생각해 본다면 기술적 이해만으로 검도의 진정한 수련 의의가 파악되지 못한다는 것을 알 수 있을 것이다. 기술적 이해와 내면적 갈등의 경험이 쌓임으로써 실기가 살아 움직이는 검도가 되어야 한다.

이러한 검도가 되기 위해서는 먼저 반복된 검법 익히기와 대련을 통하여 주체와 객체 사이의 '나[我]'란 존재를 인식하는 것이 중요하다. 물론 나 이외의 객체도 항상 나를 떠난 나(상대방도 주관적 인식으로는 '나'이다)인 것을 알아야 한다.

그러면 검법의 쓰임에 관하여서도 '나'만을 이해한다거나 고집하는 오류를 극복할 수 있을 것이다. 일단 이러한 극복과정을 통하여 상대방을 먼저 인식하고, 나를 다시 한번 고민하는 것이다. 이러한 검도 수련법으로 점점 '나'라는 인식을 가지고 검을 잡으면 드디어 진정한 검도인이 되어가는 것이다. 그 순간 검을 통한 '도'의 접근이 이루어지는 것이다.

검 수련을 통해 '도'에 접근함으로써 예전의 검술이나 무술의 단계를 넘어선 '도'를 아는 검도인이 되는 것이다. 검도 수련의 의의는 검을 통하여 점차 인간 본연의 길을 찾게 하는데 있다.

■ 기술 수련의 의의

검 수련을 통하여 '도'를 이해한다는 것은 쉬운 일이 아니다. 검 수련을 하는 중에도 주위에서는 많은 일들이 발생한다. 모든 것을 벗어나서 좌선으로 '도'를 수련하는 것이 아니라, 검이라는 매개체가 있기 때문에 수많은 인간적 굴레를 헤쳐나가야 한다.

검은 강하기 때문에 강할수록 부드러운 마음과 이해를 가진 도량을 요구한다. 그러나 검 수련을 하다보면 강할수록 더욱 강하려고만 하는 인간의 본성 탓에 끝모를(자신의 행위에 궁극적인 답이 없는 행동) 행위를 반복하는 경향이 많다. 나약한 인간의 마음으로 강한 칼의 유혹을 쉽게 물리치기가 힘들 것이다. 이로 인하여 인간사에 수많은 굴레가 발생하게 되지만, 이를 헤쳐 나가야만 한다.

이 과정에서 많은 사람들이 좌절과 낙담으로 검도의 길을 포기하게 된다 이 때에는 결과론적으로 행위에 접근하는 방법을 이해하게 되면 쉽게 포기하는 우를 범하지 않을 것이다.

이러한 오류는 검 수련뿐만 아니라 수많은 사회적 행태에서도 나타난다. 인간의 욕심에 관한 경구들을 보자.

"가지면 가질수록 생기는 것이요, 없으면 없을수록 본성에 접근할 수 있는 것이다."

"무릇 검으로 마음을 닦으려면 좌선의 마음가짐에 수백배의 노력과 자세를 가다듬어야 할 것이다."

이러한 굴레는 누가 만들어준 것이 아니라 본인 스스로 선택한 것이므로 행복한 마음으로 모든 것을 받으면서 수련을 하자

2 검도 수련의 목적

검도 수련의 진정한 목적은 결국 자신의 존재를 이해하는 것이다.

검이라는 매개체를 통하여 검법을 이해하고 자신의 존재를 인식하는 것이다. 자신의 존재에 대한 결론을 바탕으로 나 이외의 다른 사람을 이해하며, 세상의 이치를 이해하는 것이다. 결국 검을 통하여 '도'를 이해하는 것이다.

보통 검의 세계에 대한 막연한 동경심으로 검을 잡고 수련을 시작한다. 물론 체력의 향상을 기대하면서 검을 잡는 이들도 가끔 있다. 그러나 이러한 이들의 마음 한 구석에도 검에 대한 이상향을 한 움큼씩 가지면서 표면적으로 체력의 수련을 강조하는 이가 대다수이다.

그러나 막연한 동경심으로 검 수련을 하다보면, 검에 대한 욕심만큼이나 그렇게 쉽게 검의 깨달음이 오지 않는다. 검 수련이 검법이라는 데에 얽매이기 시작하면 검의 본질적인 쓰임이나 추구하는 원리는 거의 무시되고, 단지 검의 길(투로)에만 전념하게 된다. 또한 세속적인 단 체계에 집착하다 보면 본질적인 검도의 수련 목적과는 점점 거리가 멀어지게 된다.

이러한 점들을 극복하기 위해서는, 초보자의 검법 이해가 시초부터 종합적인 해석으로 유도되어야 한다.

첫째로는, 검법에서의 단병기술(예를 들면 상대 검을 쳐내는 방법이나 헤쳐내는 방법 등등) 하나하나의 기술적 해석과 함께 투로의 이해.(실전에서 상대와의 대적에서 상대방과 나의 대적 자세에 따른 긴장감을 가진 현실적 투로에 대한 이해)

둘째로는, 단병기술과 실전 투로의 만남으로 인해서 유도되는 현실적 검법의 내용 이해.

셋째로는, 전체적인 구도로 본 검도의 의미나 철학적 인식을 이해하는 방향으로 길을 잡아야 한다.

이런 식으로 검법 수련을 하면 빠른 시일 내에 검의 쓰임에 대해 이해하게 될 것이다. 그러나 이러한 접근방식에도 오랜 수련의 경험을 가져야 할 것이다.

현실적으로 위 내용과 같은 단계적 접근방식을 논하였으나, 극히 일부분의 사람들만 이러한 접근을 하게 된다. 많은 방법들이 산재해 있는 상황에서 정상의 이해까지는 어려운 것이 주지의 사실이다.

정상에 이를 수 있다는 감이 잡히는 때가 검을 새롭게 맞이하는 시점이다. 그러나 보통 이 시기에 검에 대한 자만심과 좌절감으로 검 수련을 그만두고 새로운 검법이나 새로운 유형의 투로, 자세를 찾는 경우가 많다. 이것을 극복하고 처음 검을 배우고자 했던 진지한 초심의 자세로 돌아가 계속 정진하는 모습을 유지해야 한다.

자기의 검도 수련의 목적에 맞는 새로운 시각으로 검 수련법을 찾아 초심에서부터 수련의 목적을 확실하게 인식하고 시작해야 한다. 돌이켜 보면 이러한 수련법이야말로 가장 원칙적인 것인데, 이 원칙을 자주 잊어버리게 된다.

수련을 하다보면 숲속(검법의 총체적 이해 완성)의 나무(검길 ― 투로 ― 단병술의 이해)가 아니라 나뭇잎(검법의 세속화로, 단지 많은 숫자의 검법 수와 혼자만의 상상속 단병술)에 둘러싸여서 숲은 물론 나무도 제대로 보기가 힘든 상황이 오게 된다.

이런 상황은 누구나 반드시 겪어야 하는 하나의 과정이다. 유년기부터 검도를 시작한 아이들은 이러한 과정을 청소년 시기에 경험할 것이며, 청장년기에 검도를 시작한 이들은 많은 고민을 하면서 이를 겪을 것이다. 특히 유년기 아이들에게 처음부터 무리하게 검법이나 검리(劍理)의 가르침을, 복합적인 구도로서 '도'의 의미가 내재된 것임을 강조하다 보면 허상에 집착하는 경우가 많다. 그러나 다행인 것은 동양문화권의 우리나라에서는 학생들도 '도'라는 개념을 쉽게 이해하고 있다. '도'의 정확한 의미보다는 용어적 개념에 익숙하다. 그리하여 검도에서의 '도' 개념도 별 무리없이 받아들이는 것같다.

이런 시기를 5~10년 정도의 수련으로 극복하면 나무와 숲을 어느 정도 가려 볼 수 있다. 그리고 또 하나, 이제 숲을 발견하는 데는 인식 전환의 시점이 종이 한 장 차이라는 것을 어느 정도 이해하게 된다. 점점 검도 수련의 목적이 실체화되어가고 있는 것이다.

이러한 과정에서 검도 수련의 목표에 일치된 명확한 수련법이라는 것은 없다. 모든 '도'의 수련법이 그렇듯, 검도에서도 '도'의 여정은 왕도가 없고, 오로지 나만의 길이 답인 것이다.

3 검도 수련의 자세

현실적으로 기술과 정신적 부문을 동시에 수련하기는 너무 힘들다. 단순히 검만 휘둘렀다고 이루어지는 검·도가 아니다. 항상 깨어있는 자세에서의 검 수련과 도 수련이 강조되어야만 검·도가 이루어지는 것이다.

우리의 선조들은 하나의 목표를 위하여 많은 다른 것을 포기하기도 하였다. 오로지 부모의 원수를 갚거나 개인의 원한을 풀기 위한 검 수련이 아니라, 모든 것을 뒤로 하고서 도를 위한 검의 수련으로 홀홀단신 검만을 연마한 이들의 고독한 행동을 통하여 검이 아니라 진정한 인간, 즉 참나〔眞我〕가 되어가는 과정에서의 검 수련!

오늘날의 검도 수련은 검을 통해 내면을 완성하기 위한 과정으로, 검의 기술적 극치만을 이루고자 하는 것은 —— 바로 이 부분이 수련생들 사이에서 가장 개념이 혼돈되는 부분이다. 즉 검의 기술적 완성을 통한 최고의 기술자만이 검도의 목표라는 '인식 —— 본말이 전도된 상황이다.

과거에는 검이 전투수단이었다. 그리하여 부국강병책에서 검의 기술적 우위가 가장 큰 요체였다.(그러나 과거에도 진정한 무인들은 검의 쓰임보다는 검을 쓰는 인격을 중시하였다는 면이 여러 자료에서 보인다)

하지만 오늘의 상황에서 이러한 기술적 강조는 재고되어야 한다. 검도 수련은 검을 통해 도를 이루고자 하는 것이지, 검의 기술을 익혀 검술 대가가 되고자 수련을 하는 것이 아니다. 물론 검의 법(法)이나 술(術)을 익혀 우수한 검법의 이해와 기술이 앞선 상태에서 검도를 이해한다면 더욱 훌륭한 검도인이 될 것이다. 그러나 검도 수련이 어느 한 방향으로만 진행된다면 필경 힘든 수련과정과 엉뚱한 결과에 다다를 것이다. 이는 검도 수련의 방향을 잡는데 있어 중요한 핵심이다.

혹자는 그래도 끝까지 목검이나 진검으로의 실전 겨루기를 강조하기도 한다. 도대체 검의 기술적 쓰임의 완성이나 1 대 1의 대결에서 이기고 짐은 무엇을 말하는 것인가? 생사의 갈림길에서 승자·패자의 의미가 무엇인가? 무협지의 한 대목을 그대로 옮겨 놓은 이야기가 아니다. 가끔 끊임없이 승부의 결과에 대하여 집착하는 이들이 있다. 이들에게는 검이나 도의 이야기는 관심 밖이며, 오로지 원시적인 투쟁으로 강한 자만 남는다는 약육강식의 이해수준이 있을 뿐이다.

격검의 수련을 통해서도 검의 쓰임에 관한 수련과 구도의 자세를 동시에 습득할 수 있다. 죽도 격검의 수련법은 우선 상대와의 대결을 통하여 죽도의 기술적 능력을 향상시킨다. 그 다음 단계에서는 상대의 존재에 대한 이해를 가지며, 점차 여러 상대에 대한 존재와, 나에 대한 이해를 가지며 검도의 정신적 수련에 이른다.

반면 우리 검도의 수련법은 검법의 형식(투로)과 실전성(실전검법, 한손 죽도술)을 수련하여 검도 이해에 접근하는 방식이다. 결국 격검 수련법이 지향하는 의의와 우리 검도의 지향성은 최종적인 의미에서는 같다고 할 수 있다. 두 수련방식은 과정에서 차이가 있을 뿐 궁극적 목적은 같은 것이다.

4 검법의 이해

입문후 5년까지는 주로 검법의 길을 우선적으로 습득하는 과정이다. 검법의 길을 습득하는 데에는 길(투로)을 이해하는 단계와 기술을 이해하는 단계가 있다. 그 다음은 검리(劍理)의 전개를 통해 이루어지는 개인적 인격도야를 위한 심성 수련 단계이다.

물론 어느 수준이 되면 단계적 수련 목표가 아니라, 통합적인 인격 도야를 위한 수련이 바로 검 수련이 되며, 그리고 그 방편이 검법이다.

▌투로의 이해

가장 단순한 전후좌우를 이동하는 투로를 통해 자신의 위치를 파악한다. 투로의 공간에서 자기의 위치와 상대의 위치를 알고서 검법을 행하는 것이다. 일단은 자기 위치에서 상대의 움직임 또는 자기의 움직임에 따른 형태가 나온다. 이는 검법의 구성요소 및 검법 수련의 핵심과제인 것이다.

기존의 대부분의 검법 움직임들은 사방팔방의 상대를 가상하여 구성하였다. 하지만 상대의 위치가 전후보다는 좌우의 진용으로 전개되는 것이 대부분이다. 전후의 상대는 항상 좌우 상대로 변화하게 되는 것이다. 상대에게 자신의 등을 보여준 대적은 일반적인 상황이 아니다. 이러한 대적의 방향, 방법적인 면에서는 각자가 연구를 해보면 금방 알 수 있을 것이다. 항상 상대와 나도 같은 객체의 의식 수준으로 대적을 하는 것이다.

겨루기는 1 대 1, 또는 2 대 1 상태의 연장선이다. 상대는 나를 앞뒤로 두고서 대적하기를 바라지만, 나는 상대를 앞으로 몰아서 (나의 시각 안에 두고서) 대적하기를 원한다. 이 형태는 상대의 실력에 상관없이 서로의 상황에서 최선의 방책인 것이다. 검 실력의 차이가 있는 것을 인지한다 하여도 위 형태를 벗어나면 의외의 변수가 생길 수 있다. 각별히 유의하면서 상대와의 상황별 형태에 대하여 생각해 보아야 할 것이다.

겨루기에서 위치 선정과 함께 중요한 변수는 시간적 흐름과 정신자세이다. 가장 중요한 위치 형태에서 투로가 가장 강조되는 바, 각자가 생각하는 투로에 대하여 다시금 돌아보면서 자기의 목표가 어디이며, 도대체 상대의 개념은 어디인가를 다시금 파악하여 보자.

이상과 같은 설정을 이해한다면, 검법의 투로에 대한 이해는 각자의 생각에 따라 진행될 수 있다. 일반적인 투로가 이렇게 전개된다면, 자기의 투로는 좌우의 경우에 강조를 두고서, 계속 전개를 원하면 목표를 그쪽에 맞추어 전개 및 착검을 하면 될 것이다.

검법의 투로만 본다면, 이상의 원리에 맞추어 각각의 새로운 상황과 전개과정을 갖춘다면 새로운 검법을 각자가 창출할 수 있다.

세부적이고 기술적인 문제(구조, 음양, 삼극의 원리)는 다음의 과정에서 살펴보고, 일단 투로 전개에서는 이상과 같은 사항에 대하여 진지하게 다시금 성찰해보고 가자.

▌기술의 이해

다음은 기술 습득의 단계. 기술의 완성을 이루기 위한 첫단계는 상대와의 관계 규정이다. 상대가 어느 곳에서 어떤 상황을 이루고 있는가를 먼저 파악하고서 검을 잡아야 할 것이다. 다음으로는 검선이 제대로 이루어지고 있는가를 부단한 연습을 통하여 고찰해야 한다. 혼자만의 수련을 통한 완성은 긴 시간을 요구하므로 사범이나 동료의 충고를 참고하여 검선이 잘 나타나도록 해야 한다.

기술의 완성을 위해서는 기술에 대한 분류 작업이 먼저 이루어져야 한다. 동일 조건에서 검술은 여러 가지 방법을 제시하고 있다. 이러한 기술들의 분류를 상황에 맞게 정리하면서 그 단계를 높여간다.

기술의 구조적 분석중 가장 기본이 되는 방법으로는 천·지·인 삼재를 이해하는 것이다. 이는 현상적 부분을 파악하는 일면이면서도 투로 및 검도의 철리(哲理)를 이해하는 바탕이 된다.

1. 검의 위치는 항상 공방의 기법에서 상중하 식의 표현을 거치게 된다. 즉 일반적 공격의 기법에서는 하단-상단-중단, 상-하-중으로 이어지는 형태를 가진다. 또한 방어의 기법도 하단-상단-중단, 상-하-중으로 이어진다. 이러한 기법은 가장 기본이 되는 형태이다. 일단은 구조적인 기법의 기본에서 출발하여 항상 3단계

를 이해하면서 그 기본을 익혀 나간다.

2. 기술적 파악에서 인간의 몸을 중심으로 이루어시는 내싱직인 표현 방식을 기본적으로 이해한다. 자신의 몸에서 좌우, 상하, 전후의 위치에 대한 감각을 잘 이해해야만 다양한 기술을 습득해 나갈 수 있다. 이러한 과정을 바탕으로 검법을 파악하면 쉽게 검도의 철리(哲理)를 이해할 수 있다. 인생사가 검법의 내면적 완성을 통하여서도 쉽게 정리되는 것이다.

3. 다음은 공격과 방어, 검의 속도의 완급, 힘의 강약, 몸 전체의 흐름 등등에 대해 기술적으로 이해해야 한다. 앞서의 일면적인 이해가 아니라, 이제는 미묘한 기술적 감각을 파악해야 한다. 한편에서는 강함이 강조되나 약함이 조화되어야 강함을 파악할 수 있으며, 상대의 허를 취할 수 있는 허허실실의 인생사를 파악할 수 있다. 음과 양의 양면을 모두 견지하며 소화할 수 있는 넓은 마음으로 검법을 이해함이 기술적 구조의 마지막 단계이다.

이상의 세 가지에 더 추가할 사항은 인생 각자의 철학보다는 마음으로 충실하게 원칙을 가지고서 검법 수련을 해보면 저절로 이해가 되며, 자신의 사명에 대하여도 단호해질 수 있을 것이다. 이 책에서 더 이상의 구체적 기술은 각각의 사명에 도움이 될 수 없을 것같다.

각자의 책임과 사명은 자기에게 있는 것이다. 누가 이래라 저래라 하는 것이 아니다. 다만 불을 밝혀주는 등대가 되었으면 하는 것일 뿐이다.

▉ 종합적 이해

상황에 따른 검술에서 난이도를 점점 높여 검법을 펴다 보면 검에 대해 많은 것을 배우게 될 것이다. 일단의 검술에 자신감을 가지기보다는 보다 난해한 검술을 구사할 수 있는 창의성이 필요하다. 스승과 똑같이 검법의 투로를 익혔다고 해서 스승의 검법을 이해하고, 검도의 모든 것을 배웠다고 생각하면 오산이다.

검법의 이해는 난해한 검술을 풀어주고서 나름대로 가치를 느껴야만 검술의 의미와 투로의 의미를 깨치고, 삶의 진리와 생의 목표를 가지는 바로 우리 검도의 바른 방향과 일치한다.

검법의 길을 이해한다는 개념은 개인의 철학적 지향과 일치하게 된다. 검법에서 나타나는 투로는 단순히 길만의 문제가 아니라, 기술과 합치된 의미를 찾아야 한다. 그러기에 투로는 기술만을 생각하는 단순한 과제가 아니라 전체적 시각으로 파악해야 한다.

겨루기 위주의 기술 습득에서 인격 완성을 위한 검법의 이해, 이것이 검법의 길을 바로 찾는 핵심이다.

검법 수련의 예

앞에서 이론으로 실기 수련 시의 여러가지 요령에 관하여 살펴보았다. 이 장에서는 수련을 하면 실제로 어떻게 적용되는가에 대하여 대략 설명해 본다. 각자의 수준이 어떤가는 자신이 잘 알 것이며, 이해의 폭도 자신의 노력에 따라 달라진다. 중간 수준으로 가정하고, 쌍수검보 중 하나를 택해 설명해 보도록 한다.

1 투로의 이해

일단은 좌우 상대에 대한 빠른 판단이 있어야 한다. 2명 이상의 상대는 항상 나를 포위하여 일시 또는 순차적으로 협공하려는 기본적 목표를 가지고 있다. 보통은 이 부분을 생략하고서 대적한다. 즉 상대도 나 못지 않는 의식과 주체를 가지고서 대적하는 것이다.

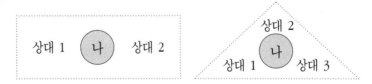

상대가 2명인 경우, 그들은 나의 전방과 후방을 에워싸서 사각지대를 형성하려고 한다. 그러면 나는 좌우로 상대를 두려고 몸을

전환(회전)한다. 이러한 신경전(기세전)을 거친 후 일정한 흐름이 지나서야 공방이 이루어진다.

3명이 상대인 경우, 그들은 나의 전후와 옆을 통제하려 한다. 가급적이면 나는 그들을 나의 시각 안으로 유도하려 할 것이며, 상대는 사각지대로 빠져 협공을 시도하려 할 것이다. 여러 가지를 연구해 보자.

지형적 특성을 충분히 활용하여, 공격하는 자는 '위에서, 태양을 등지고……' (실전교본, 무사시의 말 등등 쉽게 생각해 보아도 이해가 간다), 일단은 이러한 생각을 하면서 수련에 임한다.

쌍수도보는 보통 2명의 상대와의 대적을 가상하여 간단한 10수 이내의 공방으로 투로를 결정한다. 큰틀을 이해한다면 쉽게 받아들일 수 있다.

전후의 상대를 좌우의 상대로 대적한 후, 바로 우측 상대부터 제압이 들어가면서 좌측 상대의 흐름을 제압하여 재차 방어와 공격이 한꺼번에 시작된다. 이어서 우3 공수에서 2회 공격 후, 좌4 공수에서 비켜 빠지며 내려베기, 우5 공수에서 역시 최후의 일격 찌르기로 끝낸다.

상대 1 - 좌	나	상대 2 - 우
(공2, 공4, 공6, 착검)	기세전 후 바로	(선공1, 공3, 공5)

그러나 생각해 볼 것은, 상대도 가만이 있는 것은 아니지 않는가. 중요한 것은 상대와의 대적에서 흐름(템포)를 선점하는 것(빼앗는 것)이다.

예도보의 대표적 공방을 보자

상대 1 - 좌
(공1, 공3, 공5)

나

상대 2 - 후
(공2, 공4)

전후 상대에 대한 공수 흐름은 먼저 방향을 전환하는 것이 급선무이지만, 이 상황에서는 일단 선공으로 들어가든지, 상대의 공격에 빠른 발도술 또는 허점을 파고 드는 방법을 택한다.

전후를 가르는 발도술에 이어 전방의 상대를 향한 공격과, 재빠른 방향 전환으로 후방의 상대를 제압하고 다시 전후 상대를 받는다.

2 기술의 이해

좌우 상대에 대한 판단, 전후 상대에 대한 판단을 통하여 리듬과 흐름을 선점하면서 다양한 기술들을 선보인다. 실전 기술들은 좌우, 고저, 흐름에 대한 균형감각을 갖추고서 행한다.

쌍수검의 경우, 상대의 검을 쳐내는 법과 방향에 대해 이해한다면 기술 습득은 쉽게 이룰 수 있을 것이다.

다만 방향성의 이해에서 결국 좌우, 전후 공방의 기술적 과정에서는 항상 전후 상태가 되므로 몸 전체의 균형을 바탕으로 철저하게 습득하여야 할 것이다. 허리의 힘을 제대로 사용하지 못하면 균형감이 깨진다. 이 점 명심하여 수련하여야 할 것이다.

기타 검의 기술적 이해에서는 『우리 검도의 원류』에서 상세하게 여러 가지 베는 법을 설명하였으므로, 이 책에서는 좌우베기에 대한 서술보다 통시적 흐름에 강조점을 두었다.

3 정신적 자세

쌍수검보의 익힘 과정에서 간과할 수 없는 것은 자기 혼자만의 사고로 검을 소화한다는 점이다. 검에 대한 초보자들의 이해에서는 일면 수긍되는 부분도 있지만, 항상 경계해야 할 것은 나만의 검이 아니라 다수의 상대와 내가 상존하면서 검이 형성된다는 점이다. 이 점 곰곰이 생각해 보면, 검보에 대한 기본적인 개념 못지 않게 강한 의념(意念)이 형성된다.

이러한 사고를 기초로 검을 이해하면 많은 깨달음을 얻을 수 있을 것이다. 구체적으로 어떻게 할 수 있는가를 논한다는 것은 어불성설이다. 각자의 검 흐름에 맡겨야지, 타인의 수련에 바탕부터 강하게 개입한다는 것은 어려운 일이다.

일단은 쌍수검보의 익힘을 통하여 검의 상대성과 대적성을 이해해 보자.

예도검보의 기술적 특성은 상대에 대한 파악과 함께 빠른 실리적 계산과 흐름의 제압을 통해 우뚝 섬, 바로 이것이다. 이 모든 것을 통해 자신감과 도전성을 익히며, 좀더 인생의 의미를 적극적이고 능률적으로 이끌어간다.

예도검은 베푸는 검보(劍譜)보다는 실리를 취하는 검보이므로 쌍수검보와는 대조된다. 이러한 단계를 통하여 인생의 의미를 깨달아 보는 것을 수련의 과정이라고 생각한다면, 그것 자체가 검도 인생인 것이다.

검보의 완성은 주고 받는 호흡의 길이다. 각각의 검보 수련에서 이와 같은 감각적 흐름을 인식하여 각각의 '도'로 가면 된다.

4 지도시 유의 사항

위에서 언급하였듯이, 각각의 검보는 각기 특성이 있으므로 일률적인 검보의 흐름보다는 각각의 특성에 맞게 파악해야 한다.

쌍수검보에서는 기본적 베기법과 발 자세에 충실해야 하며, 항상 균일하게 흐름을 분석해야 한다. 상대와의 위치 선정 등 세세한 내용에 관심을 가지면서 지도하면 배우는 이들이 기초에 충실하게 될 것이다.

예도검보에서는 스피드와 순발력으로 좌우, 전후 상대에 대한 흐름을 분석, 연구해서 지도한다. 예도검보에서는 좌우, 전후 상대에 대한 구별이 없다. 약간의 위치 변경을 통하여 상대에 대한 판단을 변용시켜 유인하는 술책이 많음을 주지시켜 준다. 또한 검보의 특성상 매우 빠르게 진행되다 보면 중간중간의 기본적 술기를 간과하는 경우도 많음에 주의해야 한다.

제2부

실전 검도 수련

1. 좌 내려베기 : 왼쪽 밑으로 내려 베는 동작

2. 좌 올려베기 : 왼쪽 위로 올려 베는 동작

3. 좌 수평베기 : 오른쪽에서 왼쪽으로 수평 베는 동작

4. 우 내려베기 : 오른쪽 밑으로 내려 베는 동작

5. 우 올려베기 : 오른쪽 위로 올려 베는 동작

6. 우 수평베기 : 왼쪽에서 오른쪽으로 수평 베는 동작

7. 좌 내려치기 : 왼쪽 밑으로 내려 치는 동작

8. 우 내려치기 : 오른쪽 밑으로 내려 치는 동작

9. 좌상단 방어 : 검이 왼쪽 위에 있으며 머리를 방어하는 자세

10. 좌중단 방어 : 검이 왼쪽 중단에 있으며 몸통을 방어하는 자세

11. 좌하단 방어 : 검이 왼쪽 아래에 있으며 다리를 방어하는 자세

12. 우상단 방어 : 검이 오른쪽 위에 있으며 머리를 방어하는 자세

13. 우중단 방어 : 검이 오른쪽 중단에 있으며 몸통을 방어하는 자세

14. 우하단 방어 : 검이 오른쪽 아래에 있으며 다리를 방어하는 자세

15. 찌르기 : ① 목을 향하여 자세를 낮추며 위로 찌르는 동작

② 몸통이 정면을 보면서 정확하게 가슴을 향하여 찌르는 동작

③ 복부를 향하여 뒤돌아 위로 올려 찌르는 동작

④ 가슴을 향하여 위에서 밑으로 찌르는 동작

제6장

쌍수도(雙手刀)의 수련

쌍수검법은 주로 1 대 2의 모델을 사용한다. 전후의 상대나 좌우의 상대를 대적하게 된다. 물론 응용이 되면 바로 1 대 3, 또는 1 대 4의 검법도 형성할 수 있다. 여기서는 가장 대표적인 1 대 2의 모델인 쌍수 6번을 실전검법의 개념으로 해설했다. 이 모델을 참조하여 여러 가지 응용으로 쌍수검법을 이해하면 된다.

사실 이 책 수준의 실기 수련이 되었으면, 필자의 의도를 조금이나마 간파했을 것이다. 모든 검법에는 왜 하는가 하는 동작의 '합목적성'이 내포된다. 이 책에서는 쌍수 12번에 대한 해제는 싣지 않았지만, 수련생들은 필히 하루에 1회 이상 수련하는 것이 필요하다.

『무예도보통지』에 기본수련법으로 쌍수 12번이 소개되어 있는 것을 보더라도, 난이도가 높으면서도 실력차가 확연히 드러나는게 쌍수 12번이다. 『무통지』의 쌍수 12번은 원전을 보고서 기존의 수련과 어떻게 차이가 나는지 참고하기 바란다.

■ 검을 옆구리에 차고 있을 때

1) 구령 : 차렷!
상대방과 마주보고 선다.
양발은 편한 자세에서 차렷 자세

2) 구령 : 사범님에게 (전방에) 대하여!
검이 왼 옆구리에 있을 때는 오른손만
올려서 인사를 한다.

3) 구령 : 경례!
허리 숙여 인사를 한다.

4) 구령 : 차렷!
상대방과 마주보고 선다.
양발은 편한 자세에서 차렷 자세

5) 구령 : 사범님에게 (전방에) 대하여!
왼손으로 검을 들고 있을 때는 오른손
만 올려서 인사를 한다.

6) 구령 : 경례!
허리 숙여 인사를 한다.

▌ 검이 없을 때

7) 구령 : 차렷 !
상대방과 마주보고 선다.
양발은 편한 자세에서 차렷 자세

8) 구령 : 사범님에게 (전방에) 대하여 !
검이 없을 때는 왼손은 하단방어,
오른손은 올려서 인사를 한다.

9) 구령 : 경례 !
허리 숙여 인사를 한다.

10) 좌정 :
반가부좌 상태에서 허리를 세우고 호흡을 한다.
양팔은 편하게 놓는다.

도움말 ⬍

　숨을 멈추는 동작을 생략하고서 호흡을 한다. 이는 지식(止息)이 초보자에게 무리한 수를 두는 경우가 자주 발생하여 간단히 호(呼)와 흡(吸)으로 맺는다. 일단은 호·흡을 길게 잡고서 연습하여 호기와 흡기의 시간을 많이 잡는다.

　일반적인 호흡법은 아래와 같은 순서로 행한다. 그러나 각자 편의에 따라 다르게 할 수도 있다.

　① 흡(숨 들어 마시고)에 단전에 힘을 주면서(아랫배를 내밀며)
　② 호(숨을 내쉬면서)에 단전에 힘을 빼며(아랫배를 집어 넣으며)
　③ 반복한다.

2 빛 '光'자 베기

1) 발도!(기마자세에서 견적세를 취한다)

2) 베기!

삼단베기를 한다.(정면베기, 좌우베기를 연속 실시한다)

3) 횡단 일검 준비!

검을 그대로 들어 머리 위에서 수평되게 만든다.

4) 횡단 일검 준비!

검을 왼쪽으로 내려서 수평을 이룬다.

5) 횡단 일검!

우 수평베기를 한다.(왼쪽에서 오른쪽으로 수평베기를 한다)

도움말 ⬍

처음에는 한 호흡에 삼단베기를 한 후, 좌우 내려베기, 견적세를 이룬다. 나중에는 한 호흡에 견적세에서 견적세로 돌아온다.

6) 좌 내려베기!

우상단 방어를 취하며 좌 내려베기를 준비한다.

7) 좌 내려베기!

목표물을 정확하게 지나며 좌측 아래로 내려 벤다.

8) 우 내려베기!

좌상단 방어를 취하며 우 내려베기를 준비한다.

9) 우 내려베기! 목표물을 정확하게 지나며 우측 아래로 내려 벤다.

10) 기마 견적세!

견적세를 취하며 전방을 주시한다.

도움말 ⬍

光자 베기는 초보자에게 수백번 이상의 연습을 강조하는 베기법이다. 가장 기본이 되는 베기 방식으로, 처음에는 휘두르기 연습을 하다가 점차 호흡에 맞추어서 베기를 시도한다.

쌍수 검결은 대개 좌우, 전후 상대에 대한 검결이다. 이는 대상에 따른 연장선이 충분히 가능하기 때문이다. 여기서는 가장 대표적인 좌우 상대에 대한 쌍수검결을 살펴본다.

▌발도

▌단순히 상대를 향하여 달려가서 발도를 하면, 상대가 멍청히 있는 것은 절대 아니다. 상대가 당황하거나, 속일 만한 유인동작, 헛점을 보일 때 발도가 이루어져야 한다.

1) 좌우 상대에 대한 발도에서는 어느 방향으로도 발도가 가능하다.

여기서는 우측 상대에 대하여 발도하려는 찰라 먼저 상대의 검 손잡이를 제압한다.

2) 검 손잡이에 이어 검 끝으로 상대의 턱을 가격, 일단 우측 상대를 제압한다.

3) 우측 상대에 대한 발도에 이어, 빠르게 좌측 상대에 대해 견적세

▌좌측 공격

▌우측 발도 후의 동작에 대한 상대의 반응에 빠르고 기민하게 역반응이 이루어져야 한다.

4) 상대의 찌르기 공격에 대한 맞대응으로 상대 검을 좌로 받는다.
5) 붙인 검을 타고 들어가며 찌르기 공격을 한다.
6) 연속으로 상대 검을 우로 받는다.
7) 붙인 검을 타고 들어가며 찌르기 공격을 한다.

▮ 우측 공격

▮ 좌우측의 교차 공격은 상대 공격의 핵심이다. 특히 1 대 2의 전술에서는 1인을 항상 앞뒤에서 공격하여 상대의 허를 찌르는 것이 기본이다.

8) 제자리에서 좌측 뒤로 돌아 찌르기 들어오는 상대 검을 쳐 올린다.

9) 상대가 들어오므로 왼발이 뒤로 대각선으로 빠지며 좌 내려 베기를 한다.

10) 연속으로 우 올려베기(오른발이 깊숙이 들어가며)

11) 계속 따라 들어가며 오른발에 찌르기

█ 좌측 공격

12) 후방의 상대가 뒷머리를 보고서 공격해 들어온다.

이에 대하여 뒤돌아 우측 대각선으로 빠지며 우 내려베기를 한다.

13) 재차 상대의 공격에 대한 좌상 방어

14) 상대의 상단 공격을 받으며 밀쳐 올려, 우 대각선으로 빠지며 우 내려베기

■ 좌우 정리

15) 우측 상대에 대한 최종 일격 — 찌르기 공격(대도세)

16) 좌측 상대에 대한 스크린 동작

17) 좌우에 대한 전체적인 견적를 상단으로 한다.

■ 착 검

18) 상단 견적에서 중단 견적으로 내린다.

19) 하단 착검

도움말 ◆

　대적에서 등을 보여주고서는 안전한 검법의 진행이 되지 않는다. 이는 허구의 검법이다. 과감한 동작도 좋지만, 이론과 실전에 맞게 제 동작이 이루어져야 검법 구성이 되는 것이다. 이 점 명심하며 수련을 하자.

제7장

심상 도(心象刀)의 수련

달려나가 사방의 상대를 좌우나 전후로 분리하는 것이 가장 중
요하다. 실제로 사방에 상대를 두고서 검법을 펼친다는 것은 환상
에 가깝다. 현실에서는 상대에 대한 빠른 판단과 함께 자기 의도
에 따라 상대가 위치를 바꾸게 하도록 노력한다. 이것이 심상검의
방향성을 이해하는 핵심이다.

1 심상 1결

발도술을 유의해서 수련을 해야
한다.

▌발 도

▌전방에 대하여 치고 나가는 기
법을 보여준다.
　상대방과의 거리에 따라 1번, 2번,
3번 치고 나가도 된다.

　1) 검을 머리 위로 올리면서 상대
와 대적한다.
　2) 머리 위에서 검을 발도하며 발
을 적당히 벌린다.

　3) 검을 빼고서 상대와 대적한다.

█ 선빙의 상대 검을 헤쳐내는 법을 간단히 보여주고 있다.

실전에서의 이 동작은 과감한 주법(走法)으로 진행될 것이다.

반복된 연습으로, 실수(매끄럽지 못함)가 있으면 안되는 동작이다.

4) 오른발이 나오며 상대와의 거리를 유지한다.

5) 앞으로 나가며 왼발에 우 내려 베기를 한다.

6) 왼발에 상대 검을 쳐 올리며 들어간다.

▮ 발도술에 이은 마지막 베기 수.
힘차게 결정을 내려야 할 베기법이
다.

베기 후 마지막 찌르기에 끝내기
수를 잡는다.

7) 옆으로 빠지며 오른발에 우 올
려베기를 한다.

8) 약간 뒤로 빠지며 좌 내려베기
를 한다.

9) 다시 따라 들어가며 찌르기

▌후방, 좌측, 정면에 대한 공방

▌전방에 대한 공격은 순간적이어야 하지만, 후방과 좌측·우측에 대한 공격과 방어에 대한 대비책을 항상 준비해야 한다.

10) 후방의 상대에 대한 큰 공격 좌 내려베기
11) 좌측의 상대에 대하여 스크린(접근 불가 및 공격의 방향을 내포함) 방향을 좌측으로 바꾸어(왼발이 좌측 뒤로 나감) 수평베기

■ 위의 좌측 상대에 대한 과감한 공격이 필요함 — 상대에게 시간적 여유를 주지 않음.(이렇게 하기 위해서는 보법으로 상대의 흐름을 빼앗는 것이 중요하다)

12) 상대를 몰아붙이기 위한 우 내려치기
13) 계속하여 빠르게 좌 내려치기
14) 끝내기로 우 내려베기

■ 전후방에 대한 연속 공격

15) 정면으로 방향을 바꾸어 좌 내려베기

16) 우 내려베기를 연속으로 한다.

17) 바로 정면베기

도움말 ⬍

발 흐름에 잘 맞추어서 리듬을 유지하며 동작을 행한다.

▌ 후방 및 좌·우측에 대한 연속 공격을 준비한다.

우측의 상대도 드디어 행동개시를 한다. 단단히 준비를 한다.

18) 후방으로 뒤돌아 좌 내려베기, 우 내려베기를 연속으로 한다.

19) 좌측의 상대 공격에 대한 우하단 방어

20) 우상단 방어

■ 우측에 대한 공격

21) 상대 검을 밀쳐 올리며 수평베기

22) 1회전으로 뒤로 빠지며 따라 들어오는 상대에 대한 공격

23) 다시 좌측을 향하여 수평베기로 마무리

[도움말 ‡]

　역시 한쪽의 상대를 공격할 때는 최선을 다하여 한쪽을 방어하고 공격한다. 시선처리, 힘의 방향 모두 집중되어야 한다.

■ 견 적

■ 일단 상대의 검에 대해 견적세를 이루며 대적한다.

24) 상단 견적(조천세)으로 좌우 상대에 평심(平心) 유지
25) 중단 견적을 한다.(자연세)

도움말 ♦

　여기서 심상검보 1결은 마무리되는데, 다시금 2결을 위하여 발도를
하든가 아니면 계속 검보를 진행할 수 있다.

좌우에 대한 공격이 거세진다.

방향은 1결의 맺음에 이어 그대로 좌측(최초의 방향에서)을 보면서 시작한다. 사진 방향은 좌측을 보고 있는 것을 정면으로 가정한 것이다.(방향에 각별히 주의하기 바람)

■ 발 도

▌좌측 상대에 대한 견적 및 공격

26) 중단 견적세에서 들어오는 상대에 대하여 좌 비켜 내려치기

27) 바로 들어가며 우 올려베기

28) 제자리에서 우 내려베기

▌우측 상대에 대한 공격

29) 뒤돌아(우측 — 최초의 방향에서) 상대 검을 우 올려 걸어
내고
30) 우측 상대를 체중을 실어 힘껏 좌 내려베기
31) 상단 견적(조천세)

┌─────────┐
│ 도움말 ⬍ │
└─────────┘
　　좌우 상대에 대한 연속 3단베기 공격(26, 27, 28, 29, 30 동작을
연속으로 실시하면서 회전에 대한 감을 익힌다)

▌ 우·좌 상대에 대한 과감한 공격

▌ 우측 상대에 대하여 계속되어지는 공격

32) 자연세로 검을 내려서 상대와 대적세를 이룬다.

33) 과감하게 상대 검을 좌로 헤쳐내며

34) 상대 검을 우로 헤쳐내며

35) 따라 들어가며 정면베기

┌─────────┐
│ 도움말 ⬍ │
└─────────┘

공격은 일방적 진행이 아니라 상대의 흐름을 빼앗아 기선을 제압한 후, 이어지는 흐름을 인식하여 검법의 진행에 합리성을 가져야 한다.

▎좌측 상대에 대한 공격

36) 뒤돌아(최초의 좌측) 나가며 들어오는 상대에 대하여 턱
치기

37) 뒤로 빠지며(왼발을 뒤로 뺀다) 수평베기

38) 앞으로 구르며 따라 들어가 수평베기

도움말 ⬍

이러한 공격법에서 가장 중요한 것은 흐름(타이밍)이다. 일반적인 상
황에서도 한쪽으로 빠지는 공격법보다는 다음을 충분히 기다리는 마음
이 검법의 중요한 자세이며 이치이다.

■ 우좌에 대한 방어 및 공격

■ 우측 상대에 대한 방어 및 공격

39) 구른 후 1회전 수평베기 후 진좌팔
상세

40) 뒤로 빠지며 들어오는 상대 검을 좌 내려치기

41) 들어가며 우 올려베기

42) 힘껏 우 내려베기(중심이 앞으로 나감)

도움말 ⬍

이 동작은 상대의 중·하단을 공격하면서 구르며(물러나는 상대를
따라 들어가는 개념) 다시 후방의 상대에 대해 연속적인 자세를 취하
는 것이다.

■ 앞에서 배웠던 3단 연속베기를 실시한다.

43) 뒤돌아(최초의 좌측) 상대 검을 쳐내며
44) 힘껏 우 내려베기를 한다.
45) 베기 후 상대에 대한 중단 견적(자연세)

도움말 ⬍

　3단 베기의 리듬은 앞뒤 상대에 대한 개념을 이해하고서 실시하고,
아울러 검선이 제대로 잡혀져야 여러 동작으로의 진행이 가능하다. 특
히 〔42〕, 〔43〕 동작을 연속으로 실시하는 데는 약간 어색하거나, 타이
밍의 흐름이 매끄럽지 못하다. 이러한 점은 중단 수평베기를 한다든지,
아니면 동시에 두 동작을 진행하면 된다.

심상 2결은 발도 후 좌우 상대에 대한 대적 동작이다.

1. 상대와의 대적에서 중요한 것은 전반적인 흐름과 나, 상대의 리듬을 선취하며 자세를 취하는 것이다. 담대한 정신으로 상황을 객관적으로 인식함이 우선적이다.

2. 연이은 공격의 기법에서는 상대와의 리듬이 중요하다. 즉 연속으로 이동할 때 상대와 호흡이 맞아야만 진행이 이루어지므로, 이 점 공격자가 충분히 소화하고서 진행해야 한다.

3. 나와 상대의 위치에서도, 나는 나의 위치를 가지며 상대도 상대의 위치를 고수한다. 이러한 대결방식에서 일방적인 위치는 없다. 항상 각자의 자리에서 검법을 수행해야 한다.

심상도보는 자기의 마음의 평정을 유지하며 상대와 대적을 진행하기 때문에 충분히 심적 여유를 가지면 좀더 여유롭고 너그럽게 진행될 것이다. 자기의 도보가 조급해지면 이미 상대의 리듬에 내가 따라가는 상황이 된다. 이 점 명심하여 심상도보를 수련해야 한다.

3 심상 3결

최초의 방향에서 좌측을 보면서 시작한다.

■ 발도 및 공격

46) 견적세에서 앞으로 나가며 정면 베기(까치발)
47) 상대 검을 좌로 헤쳐내며
48) 상대 검을 우로 헤쳐내며

> **도움말** ▲▼
>
> 연속 헤쳐내는 법이 여러 번 반복되는데, 제대로 소화하면서 헤치는
> 법을 수련해야 할 것이다.

■ 점프 공격

많은 수련이 필요하다.

49) 상대 검을 우 올려베기
50) 뒤돌아 빠지며 좌 내려베기
51) 점프 후 양 방향에 전체 수평베기를 하고 [52] 동작 실시한
후 마무리

도움말 ↕

전방의 상대 검을 헤쳐내며 뒤돌아 점프 해서 상대의 상중단을 공격
하는 깔끔한 공격법이다. 심상 3결 자체가 한 수의 흐름으로 이어지면
서 깔끔함, 그 자체의 검선으로 이루어져야 한다. 손과 발의 흐름이 연
속적이지 못하면 어설프게 보인다.

구르며 따라 들어가 공격하는 기법과 상대 검을 헤쳐내는 법이
무척 인상적이다.

■ 발 도

52) 들어가며 좌 내려베기 후 앉으면서 착검
53) 오른 무릎을 일으키며 발도한다.(검집을 같이 빼면서 공방
한다)
54) 왼발에 좌상단 방어

도움말 ◆
　발도와 동시에 다음의 공격으로 이어진다. 발도에 초점!

55) 상대 검을 흘려내리며 좌 내려베기

56) 다시 왼발에 우상단 방어, 우 올려베기

57) 왼손 검집으로 좌상단 방어하고 동시에 찌르기

도움말 ⬍

  * 올려베기 자세에서 그대로 왼 구르기 자세를 갖춘다. 특히 오른 손의 검은 고정하고서 구른다. 오른 손을 가지고 오면 검에 손이 다친 다.(특히 조심)

  ** 구르기는 상대의 허(마음)를 찌르는 동작이다. 상대가 다가오려는 순간 파고 들어가 찌르기 위해, 또는 흔들리는 상대에 대한 과감한 공 격 등등 상대와 교감이 있은 후에 구르기의 과감한 동작이 성립한다.

▮ 마지막 공격과 방어

▮ 좌우 상대에 대한 방어와 공격이므로 순간적인 방향 전환이 최우선이다.

58) 왼발을 뒤로 하며 찌른 검을 뺀다.

59) 우측(최초의 방향에서) 상대 검을 오른발이 좌로 45도 나가며 쳐 올린다.

60) 좌측(최초의 방향에서) 상대 검을 오른발이 좌로 180도 나가며 쳐 올린다.

▌ 공격 후 상대 검을 받아서 다시금 공격으로 연결할 수 있는 능력을 배양한다.

61) 우측의 상대를 우 내려베기 한다.
62) 좌측의 상대를 좌 내려베기 한다.
63) 오른발이 뒤로 빠지며 공격하는 상대 검을 좌하 ― 좌상단 방어한다.

▌상대의 상단 공격에 대한 밀고 당기는 힘 겨루기에서 종종 아래와 같은 기법이 유용하므로 기술을 완전히 소화해야 한다.

64) 상대 검을 우로 돌려 밀어내며
65) 왼발을 당겨서 상대 검을 완전히 바깥쪽으로 밀어낸다.
66) 오른발이 나가며 좌 내려베기를 한다.

■ 착 검

(67) 제자리에서 최후의 일격 우 내려베기를 한다.

(68) 좌우의 상대에 대한 전체석인 시각으로 검을 잡는다.

(69) 전후의 상대를 주시하며 착검을 한다.

(70) 마지막 정리 자세를 한다.

도움말 ◆

  뒤돌아서 다시금 전체를 견적하여도 무방하다.

  나만의 공간에서 내가 해결한 도보이다. 나를 찾는 결과가 마지막 정리이다. 결국은 마음의 정리이다. 해결한 도보도 나이며, 전체를 돌아보는 것도 나다.

심상결 전체를 이해하고 기술적 완성도를 이루는 데는 4, 5년의 기간이 보통 걸린다. 항상 도보에 휩쓸려 세부적인 방편으로밖에 수련이 되지 않는다.

세월이 흘러 검으로 마음을 다잡으려는 심상결이 다가오면 위 흐름과 리듬에 대해 이해가 된다. 검은 항상 자기 손 안에 있는 것이다. 내 손을 떠난 검은 더 이상 내가 아니라는 것을 명심하면서 수련하자.

기술적 과제

1. 발도술 문제가 핵심이다. 손발의 흐름이 가장 중요한데, 잘 안된다.

수천 번의 자세 교정이 이루어져야 리듬에 맞는 발도술이 완성될 것이다.

2. 좌우에 대한 판단을 통한 검결의 진행. 전체를 파악하면서 검결이 진행되면 자연스럽게 이해가 될 것이다.

3. 각 결의 발도술에 3단 베기 접목. 상당한 고급 기술이다. 반복된 수련이 필요한 대목이다.

4. 끝까지 따라가며(좌, 우 구르기) 베는 법과 구르는 법 등을 반복 수련하여 그 의의를 파악한다.

5. 마지막의 착법(着法)을 잘 숙지하여 자기 것으로 익혀야 한다.

심적 과제

1. 발도술에 대한 문제의식을 갖고 스스로 해결한다.

2. 좌우, 전후의 상대에 대한 인식을 갖고 스스로 해결능력을 모색하는 자세가 필요하다. 수많은 시행착오를 겪으면서 노력하는 모습에서 참다운 검도인의 마음가짐과 몸 자세가 이루어지는 것이다.

3. 상대와 나는 항상 동일한 객체로 보고 검법의 진행이 이루어져야 한다. 상대의 흐름에 따른 나의 몸, 나의 리듬에 맞추어진 검법의 진행……

제8장

예도(銳刀)의 수련

예도보는 한라 검결과 백두 검결로 나눠 정리하였다.

한라 검결은 빠른 발도술과 방향 전환을 전제하는, 매우 빠른 검법을 진행한다. (한라1결, 2결, 3결, 4결, 5결)

백두 검결은 전진 속공의 형태로, 추진력있는 힘을 바탕으로 강한 검법을 진행한다. (백두 1결, 2결, 3결, 4결)

▌ 예도(銳刀)

〔增〕 본명은 단도(短刀)이다.

〔原〕 지금 제도에 환도(環刀)는 칼날의 길이가 3척 3촌이고 자루의 길이가 1척, 모두 합하여 무게는 1근 8량이다.

〔案〕〔무비지에 단도는 굽고 비틀어졌을 망정 그런 규가 우리나라의 환도(環刀)이기 때문에 두 도검(刀劍)과 같이 도보(圖譜)에 싣는다.〕

모원의(茅元儀)가 이르기를 "옛날의 칼은 전투에 사용할 수 있었다. 이 때문에 당나라 태종(太宗)에게는 검사 1천명이 있었다.

이제 그 법은 전하지 못하고 끊어졌고, 간잔편(簡殘編) 중에 결가(訣歌)가 있으나 그 설(說)이 상세하지 못하다. 근래 호사자(好事者)가 있어서 조선에서 얻었는데, 그 세법(勢法)이 구비되어 있었다. 진실로 중국에서 잃었버린 것을 사예에서 구하여 알려고 하였으나 서역의 등운(等韻)〔서역의 중 신홍이 음운에 통달해서 등절보를 찬술하였다〕과 일본의 상서〔구양수의 일본도가에, 서복이 일본으로 갈 때 책을 아직 분서하지 아니하였다. 그래서 일서 100편이 아직 일본에 남아 있다. 영을 엄하게 내려서 중국에 전하는 것을 허락하지 않았다. 그래서 누대로 고문 서경이 있다는 것을 아는 사람이 없다. 고본을 서복이 가지고 가서 아직도 일본에 있다. 이건 모두 탁언(託言)이다〕가 하나밖에 없는 유일한 것이다."

좌검결가(左劍訣歌)에 실려 있기를,

전기처럼 끄는 곤오(昆吾)는 태양처럼 빛나고 한번 오르고 내리며 몸을 감춘다.〔원주(原注)에는 좌우를 네 번 돌아보고 네 번 칼질한다〕

머리를 흔들며 앞으로 걸어가니 바람이 우뢰처럼 울리고 천천히 손을 휘둘러 아래 위를 막는다.〔원주에 오른발을 벌리고 한번 칼질하고 왼발이 나아가며, 한번 칼질하고 또 좌우에 각각 한번 칼을 두루고 칼을 거둔다〕

왼편으로 나아가 청룡이 두 발로 더듬는 듯이 하고〔원주에 두발 물러서서 칼을 서 오른손을 써서 십자(十字)를 긋고 두 번 어르고 한번 찌른다〕

오른편으로 가며 한 마리 봉(鳳)이 홀로 햇볕을 맞이하는 듯이 한다.〔원주에 왼손과 오른 손으로 한번 찌르고 뛰어 두 걸음을 나아가고, 왼손과 오른손으로 각각 한번 두드리고 왼손과 오른손으로 각각 한번 기리고, 오른손으로 하나의 문을 돌아 걸으면서 칼을 뽑아 자세를 취한다〕

꽃을 뿌리고 뚜껑 꼭대기의 앞뒤를 가리고〔원주에 오른편으로 꽃을 흘려 보내며 6번 칼질을 하고 걷기 시작한다〕

말이 걸어 가는데 이 처방을 쓴다. 나비가 쌍으로 날며 태양빛을 쏘아대고〔원주에 오른 발로 걸어 나가고 오른손은 나가 두번 칼질을 하고, 왼발로 걸어 나가며 왼손으로 한번 찌르고 한번은 번득인다〕

배꽃이 옷 뒷깃에 춤추며 몸을 감춘다.〔원주에 두 걸음 물러나 위로부터 춤추며 내려와 네 번 칼질을 한다〕

봉황이 여울에 날개 깃을 씻으니 하늘과 땅이 적어지며〔원주에 오른발이 나아가 몸을 돌려서 두 손을 벌린다. 그대로 손을 뒤집어서 왼손으로 한번 칼을 휘두르고 오른손이 나가 두 번 칼질하고, 왼손으로 또 한번 칼질하고 칼을 뽑아 오른발이 나아간다〕

무릎을 잡고 어깨를 나란히 하여 양편을 가르고 걸어 나아가 공중에 가득히 백설(白雪)을 날린다.〔원주에 아래로부터 춤추며 위에서 네 번 칼질을 하는데 먼저 오른손을 쓴다〕

몸을 되돌려 들말을 타고 가며 고향을 생각한다.〔원주에 오른손은 눈썹을 비비며 한번 칼질하고, 오른손으로 다리를 비비며 한번 칼질하고, 눈썹을 비비며 한번 칼질하고, 왼손으로 허리를 비비며 한번 칼질하고 한번 찌르고, 오른 칼을 한손으로 거둔다〕

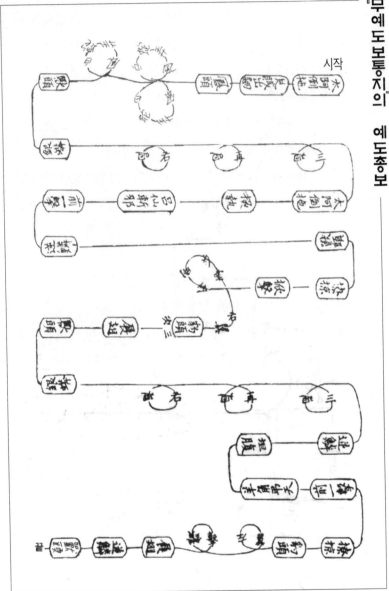

시작

끝

■ 예도보(銳刀譜)

1. 거정세(擧鼎勢)　솥을 드는 격(格)이다. 이 법은 솥을 드는 격으로 위로 살(殺)하고 왼쪽 다리와 오른쪽 손으로 평대세(平擡 勢)로 앞을 향해 베어 치고, 가운데로 살하여 퇴보군란(退步裙 欄)의 세를 한다.

2. 점검세(點劍勢)　칼을 점(點)하고 찌르는 것이다. 이 법은 한 편으로 번득이고 빠르게 나아가 채어서 죽이고, 오른 다리와 오른 팔로 발초심사세(撥艸尋蛇勢 : 풀을 뽑고 뱀을 찾는 자세)로 수레 를 모는 격을 하라.

3. 좌익세(左翼勢)　왼편을 날개로 공격하는 것이다. 검법은 위 로 도전할 수 있고 아래로 누를 수 있어 바로 위험한 경지에서 살 하고, 오른 다리와 오른 손으로 직부송서세(直符送書勢)로 앞을 향해 끄는 걸음으로 역린자(逆鱗刺)를 하라.

4. 표두세(豹頭勢)　표범의 머리를 치는 자세이다. 이 법은 벽력 같이 위를 살하고 왼다리와 왼손으로 태산압정세(泰山壓頂勢)로 앞을 향해 베어 가며 걸어서 도전하여 찌르라.

5. 탄복세(坦腹勢)　배를 헤치고 찌르는 것이다. 이 검법은 들어 받고 찌르고 가운데를 살하고 나가기를 무너지는 산같이 하여 오 른다리와 오른손으로 창룡출수세(蒼龍出水勢)로 앞을 향해 걸어 나아가 허리를 치는 것이다.

6. 과우세(跨右勢)　오른편을 걸타고 치는 것이다. 이 검법은 싸 움을 돋우며 베고, 아래쪽을 살하고 왼다리와 오른손으로 작의세 (綽衣勢)로 앞을 향해 걸어 나가면서 가로 친다.

7. 요약세(遼掠勢)   억눌러 치는 격이다. 이 검법은 막고 받아 아래로 살하여 왼쪽을 가리우며 오른쪽을 호위하고, 왼다리와 왼손으로 장교분수세(長蛟分水勢 : 길이 긴 도룡용이 물을 갈래 지우는 자세)로 앞을 향하여 베어 걸어서 비비어 친다.

8. 어거세(御車勢)   수레를 모는 격이다. 이 검법은 수레를 몰아 가운데로 살하고, 두 손을 깎아 살하고, 왼다리와 오른 손으로 충봉세(衝鋒勢 : 칼날에 부딪치는 자세)로 앞을 향했다가 뒤로 물러서서 걸어 봉이 머리 씻듯이 한다.

9. 전기세(展旗勢)   기를 펴듯 하여 치는 것이다. 이 검법은 갈기고 문질러서 위를 살하여 왼 다리와 왼 손으로 탁탑세(托塔勢)로 앞을 향하여 베며 걸어서 칼을 점한다.

10. 간수세(看守勢)   지켜보며 치는 것이다. 이 검법은 모든 병기가 치고 찌르거든 병기를 지키어서 정하고, 나가기 어렵거든 기회를 보아 형세를 따라 슬쩍 굴러 나아가 살하고, 왼다리와 오른 손으로 호준세(虎蹲勢 : 호랑이가 걸터앉은 자세)로 앞을 향해 걸어 나아가 허리를 친다.

11. 은망세(銀嫩勢)   은빛 구렁이가 기어가는 자세이다. 이 검법은 사면을 두루 돌아보아 몸을 두르고, 또 사면을 약살(掠殺)하여 앞을 향하여 왼손과 왼다리로 뒤를 향하면 오른손과 오른 다리로 방향을 바꾸어 움직이면 좌우로 급히 바람을 날리어 번개치듯 살한다.

12. 찬격세(鑽擊勢) : 비비어 치는 것이다. 이 검법은 비비는 격으로 채어서 살하고, 거위 모양과 오리걸음으로 달려가며 찔러 왼다리와 왼손으로 백원출동세(白猿出洞勢 : 원숭이가 굴에서 나오는

자세)로 앞을 향해 베며, 걸어가서 허리를 친다.

13. 요격세(腰擊勢)　　허리를 치는 것이다. 이 검법은 비스듬히 들어가서 가운데를 살하고, 몸과 걸음과 손과 칼이 빠르기 우레와 같이 하니, 이 한번 치는 것은 검법 중의 으뜸이다. 오른 다리와 오른 손으로 참사세(斬蛇勢)를 취하고, 앞을 향해 한 걸음 나아가 비늘을 거슬리듯 한다.

14. 전시세(展翅勢)　　날개를 펴서 치는 것이다. 이 검법은 비꼬는 식으로 우를 살하고 얼러대며, 아래로 살하고 오른 다리와 오른손으로 편섬세(偏閃勢)로 앞을 향해 베고, 걸어가 솔을 드는 식을 취한다.

15. 우익세(右翼勢)　　오른쪽 날개로 치는 것이다. 이 검법은 갈겨서 날개를 살하고, 왼다리와 오른 손으로 안자세(雁字勢)로 앞을 향해 베어 걸어가서 허리를 친다.

16. 게격세(揭擊勢)　　들어 치는 것이다. 이 검법은 갈기는 격으로 위를 살하고 한 걸음 한 걸음 걷는 투로 나아가 왼다리와 왼손으로 호좌세(虎坐勢)로 앞을 향한 채 뒷걸음질치며 무찌른다.

17. 좌협세(左夾勢)　　왼편으로 끼고 찌르는 것이다. 이 검법은 들어 받고 찌르고 하여 가운데를 살하고, 오른 다리와 오른 손으로 수두세(獸頭勢)를 짓고 앞을 향해 걸어 나가 허리를 치는 것이다.

18. 과좌세(跨左勢)　　왼편으로 걸터 앉아서 치는 것이다. 이 검법은 휩쓸어 아래쪽을 살약하는 것이다. 오른 다리와 오른 손으로 제수세(提水勢)를 취하여 앞을 향해 걸어 나가 쌍으로 갈기는 것이다.

19. 흔격세(掀擊勢) 흔들어 치는 것이다. 이 검법은 흔들어 어르고 위로 살하고, 훑쳐 걸어가면서 비비어 살하고, 왼다리와 오른 손으로 조천세(朝天勢)로 앞을 향한 채 뒷걸음질 쳐서 탄복세(坦腹勢)로 찌른다.

20. 역린세(逆鱗勢) 비늘을 거슬러 찌르는 것이다. 이 검법은 목구멍과 목을 찔러, 오른 다리와 오른 손으로 탐해세(探海勢)로 앞을 향해 베며 걸어 나가 좌익세(左翼勢)를 취한다.

21. 험시세(歛翅勢) 날개를 거두고 치는 것이다. 이 검법은 거짓으로 패한 체하여 상대를 속여 왼쪽와 오른 손과 오른 다리로 발사세(拔蛇勢)를 짓고, 거꾸로 물러났다가 앞으로 걸어나가 허리를 친다.

22. 우협세(右夾勢) 오른쪽으로 끼고 찌르는 것이다. 이 검법은 비꼬아 찔러 가운데를 살하여, 왼 다리와 오른 손으로 분충세(奔衝勢)로 앞을 향해서 걷다가 거정격(擧鼎格)을 취한다.

23. 봉두세(鳳頭勢) 봉의 머리를 씻는 것이다. 이 검법은 머리를 씻듯이 찔러 갈겨서 살한다. 오른 다리와 오른 손으로 백사농풍세(白蛇弄風勢)로 앞을 향해 베며 걸어 들어가며 친다.

24. 횡충세(橫衝勢) 가로 찔러 치는 것이다. 이 검법은 빨리 달아나 번뜩이고 굴려 살하여 앞으로 나갔다가 뒤 물러서고, 두 손과 두 다리로 형세를 따라 찌르며 나가고, 치며 걸어나가 어르는 것이다.

25. 태아도타세(太阿倒他勢) 처음 권(圈)안에 들어가 먼저 왼손으로 칼 허리를 굳게 잡고 다음에 오른손을 들어 하늘을 향하여 높이 쳐들고 한번 기합소리를 낸다. 또 오른손으로 오른쪽 무릎

을 가볍게 치고, 오른발로 왼발을 비스듬히 치고 그대로 거정세
(擧鼎勢)로 들어간다.

26. 여선참사제(呂仙斬蛇勢)　왼손으로 허리를 고이고 오른손으로
비스듬히 칼 허리를 잡아 공중을 향하여 한 길 남직한 높이로 던
져 칼등이 원을 그리며 굴러 떨어지면 가만히 한 걸음 나가서 손
으로 받아 든다.

27. 양각조천세(羊角弔天勢)　권 안으로부터 조금 물러나 꿇어 앉
아 오른손으로 칼자루를 잡아 비스듬히 왼손 첫째 손가락에 메우
고, 오른손으로 조심조심 칼 머리를 튕기면 손가락을 둘러싸고 둥
글게 굴러서 다음 손가락에 이르러 무명지 손가락 사이에 와서
그친다.

28. 금강보운세(金剛步雲勢)　세 차례 몸을 돌려 좌우로 돌아보고
높이 칼날을 쳐들어 머리 위로 감쌌다가 휘두르며 내친다.

▌발도

▌실제적인 빠른 발도술보다는 견적의 자세로 들어가는 의미의 기세 찬 발도.

1) 상대와 마주보기 자세를 취한다.
2) 정면을 보면서 발도한다.
3) 발도 후 제자리에서 우상 방어 후 왼발이 나오며, 우하 내려 베기 후 조천세를 한다.(왼발이 앞)
4) 들어오는 상대 검을 쳐내며

▌전후의 공격 자세

▌조천세에서 전후의 상대를 바로 견적하면서 기세있게 공격해 들어간다.

5) 빠르게 정면베기 한다.

6) 바로 뒤돌아서 후방의 상대에 대한 우 내려베기를 한다.

   제자리에서 왼발을 대도세로 뒤로 내밀고, 방향을 뒤로 보면서 오른발을 소도세로 당기며 우 내려베기

7) 뒤로 빠지며 좌 내려베기를 한다.

▌뒤로 빠지는 상대를 따라 들어가면서 공격을 한다.

8) 앞으로 따라 들어가며 1회전하면서 ―상대의 검을 쳐내며, 또는 상대를 밀어 올려치며 ―우 올려베기를 한다.

9) 왼발에 상대 검을 쳐내며

10) 오른발에 다시 상대 검을 걸어내며 우 내려베기를 한다.

■ 전방의 상대를 향한 재차 공격

▌ 상대에 대한 과감한 돌파력을 가진 공격

11) 뒤돌아 전방의 상대 검을 헤쳐내거나, 들어오는 상대 검을 걷어내며 우상 방어를 한다.
12) 상대의 공격을 받으면서 비껴 우 내려베기를 한다.

도움말 ◆

방향 전환 때의 검선을 잘 보도록 한다. 자주 위와 같은 검법을 연습한다.

▮ 상대를 따라 들어가면서

13) 뒤로 빠지는 상대를 향하여 따라 들어가며 상대 검을 쳐내며
14) 우 올려베기를 한다.
15) 그 자세에서 상대의 공격에 바로 과감한 좌 내려베기

┌─────────┐
│ 도움말 ▼ │
└─────────┘
　　상대가 멀리 떨어져 있거나 헤쳐 나가야 하는 경우에는 쳐내기를 연
속적으로 시행한다. 즉 헤쳐내는 법을 붙이면 되는 것이다.

▌ 마지막 정리수

16) 다시 한번 뒤로 **빠**지며 우 내려베기를 한다.

17) 마지막으로 들어가면서 좌 내려베기를 체중을 실어서 힘껏
한다. (이 동작에서 한 발을 들고서 실행한다)

▐▌ 착 검

▌ 이전 동작에서 한 발을 들고 있는 상태에서 착검 동작을 수
련한다.

18) 전체적인 기선 제압이 가능한 자세에서 착검 동작을 완성
한다.

■ 발 도

■ 전후 상대방에 대한 발도술 동작(예도 검결의 기본 발도술로서, 매우 빠른 발도 가 이루어져야 한다. 가장 중요한 점은 상 대방과 나의 발도 타이밍이다)

1) 상대와 마주보기 자세를 취한다.

2) 뒤에서 먼저 공격하는 상대방에 대하여 오른발이 뒤로 빠지 면서, 상대의 빈틈 — 허리를 벤다.

3) 빠르게 뒤돌아 정면의 상대 검을 쳐 올리며

4) 우 내려베기 후 상대에 대해 의연히 지하견적세로 대적한다.

▌ 전방공격

5) 들어오는 상대방이나, 견적에서 자신이 상대방에게 빠르게 이동하면서 상대의 검을 쳐 올린다.

6) 상대의 검에 자극을 주고서 빈곳을 찾아 벤다.(허리)

7) 흔들리는 상대에 대하여 마지막 수를 보낸다. (체중을 실은 마지막 수. 상대의 목을 겨냥해서 포물선으로 크게 우 내려베기)

도움말 ▲▼

빠른 발도술은 전후 상대에 대해 한계점을 최대한 극복하는 것이다. 전후의 한계를 극복할 수 있는 방법으로 발도술을 응용한다.

■ 방향 전환의 방식

■ 전방의 공격 흐름을 주시하며, 후방의 상대에 대해 틈새를 살핀다.

8) 전방 상대에 대한 계속된 주시에서 보(步) 이동(왼발이 뒤로 물러남)한다.

9) 왼발이 다시 들어가면서 전방의 상대 검을 헤쳐낸다.

10) 뒤돌아 오른발을 당기면서 좌 내려베기를 한다.

▋주시 후 본격적인 후방에 대한 공격
(소나기 오듯, 번개치듯)

11) 왼발은 앞으로 밀고 들어가며 상대
검을 걷어내고

12) 뒤돌아서 오른발이 나가며 허리베기
(회전력을 이용한 강한 힘으로 상대의 빈곳[허리]을 빠르게 벤다)

13) 공격의 핵인 우 내려베기를 한다.

14) 마지막 마무리 수. 강한 허리 힘으로 검을 최대한 허리에
붙여서 빠른 스피드로 뒤돌아 찌르기(찌르기 동작은 여러 가지인
데, 여기서는 검날이 밑이다)

도움말 ⬍

여기까지가 발도술의 연장으로 처음의 자세로 돌아온 것이다. 한가
지 동작으로 이루어진 발도술 전체를 파악하면서 세세한 동작까지 완
벽히 이해할 수 있다.

▌ 전방 공격

▌ 결코 상대는 나에게 시간을 허락하지 않는다.

15) 찌른 검을 빼면서 방어 및 공격을 준비한다.

16) 상대의 들어오는 검을 옆으로 비껴 빠지며 쳐내기

17) 바로 그 틈새를 보면서 우 올려베기

▋ 점프 동작을 취한다.

18) 찌른 검을 빼면서 동시에 다음 동작을 준비한다.

19) 공중 점프 동작에서 검을 걷어낸다.(왼손의 위치에 주의)

20) 올려 벤 상태에서 소도세로 착지한다.

┌─────────┐
│ 도움말 ♦ │
└─────────┘
　숙달이 되면 한라 2결은 대부분 한 호흡 정도의 리듬으로 이룰 수 있다. 이후에는 점프 동작으로 연결하여 리듬을 유지한다.

■ 후방 · 전방 교차 공격

▌후방의 하상 공격에 대해 이해를 한다.

21) 후방의 하단 공격에 대한 좌하 방어
22) 좌상 방어
23) 방어 동작의 연속에서 공격 타이밍을 찾아 상대 검을 걸어
내며 공격한다.

▌ 공격 후의 다음 동작을 본다.

24) 왼발을 당기면서 허리베기를 한다.

25) 전체적인 스크린 동작을 가진다.

26) 검을 뒤집어 견적세를 취한다.(방어와 공격선을 따라 전체
적인 경계선을 그리며 자신감을 가질 것)

27) 착검(순간적인 맛을 느끼며 착검해야 한다)

┌─────────┐
│ 도움말 ◆ │
└─────────┘
   자신이 있다면 공중 동작으로 스크린할 수 있다.

멀리서 발도한 후 대적 자세의 검법을 보인다.

▌ 발도 ― 전방

▌ 팔상세와 자연세, 조천세, 지하세의 겨눔에서 상대의 흐름을
파악한다.

1) 상대와는 겨눔의 거리는 멀리 두고서 자신감을 가지며 대적
한다.
2) 발도와 동시에 수평베기한 후 팔상세를 취한다.

　▊ 상대 검에 대한 예측과 감을 익혀 과감한 동작의 습득을 요
구한다.

　3) 들어오는 상대 검을 과감히 받아 쳐내며 좌상방어 — 비껴받
는 연습
　4) 쳐낸 검을 바로 돌려 올려베기

■ 사방 1(정면 — 좌측)

■ 방향 전환시

5) 좌측의 상대를 향하여 좌하 — 좌상 방어를 한다.
6) 오른발이 나오며 돌려 정면 올려베기를 한다.
7) 왼발이 90도 나가며 좌하 — 좌상 방어를 한다.
8) 오른발이 나가며 정면 올려베기

사방 2(후방 — 우측)

9) 다시 왼발이 90도 나가며 좌하 — 좌상 방어

10) 오른발이 나가며 정면 올려베기

11) 왼발이 90도 나가며 좌하 — 좌상 방어를 한다.

12) 오른발이 나가며 정면 올려베기를 한다.

■ 후방에 대한 공격

▌ 과감한 공격과 빠르기를 요구함.

13) 후방의 상대방을 향해 들어오는 검을 쳐내며 우 내려베기를 한다.
14) 뒤로 주춤하며 빠지는 상대를 그대로 따라가며 상대 검을 쳐내며
15) 마지막 한 수 — 좌 내려베기

▌일단 기회를 잡았으면 끝까지 붙어서 과감한 공격이 이루어지도록 한다.

16) 정리 동작으로 오른발이 뒤로 빠지며 우 내려베기를 한다.
17) 전방에서 달려오는 상대를 보면서 오른발이 나가며 과감히 찌르기
18) 찌른 검을 오른발을 힘껏 당기면서 빼고, 내려베기를 동시에 실시

▊ 전방에 대한 공격

▊ 방향 전환과 함께 순간적인 스피드를 요구한다.

19) 뒤돌아 정면을 보면서 상대 검을 우로 쳐내고

20) 상대의 허리 수평베기 후 재차 회전하여 다시 수평베기를 실시한다.

21) 따라가며 마지막 우 내려베기를 한다.(왼발에서 동작을 마칠 수도 있다)

▌착 검

22) 대도세로 튼튼히 자리를 잡고서 검을 힘차게 뿌리며 좌상
방어

23) 우상 방어 후 좌상 방어

24) 착검한다.

도움말 ⬍

　처음 상대와 대적하면서 과감하게 공격한 결과를 끝까지 밀치며 마
지막 수를 내친다. 처음의 상태가 가장 중요하다는 것을 보여준다. 처
음의 기세를 마지막까지 잡아서 깔끔하게 정리해야 한다. 간결미!

▋발 도

▋빠른 발도술의 영향으로 상대방은 머리를 막는 상태가 되었다. 예도에서의 기본은 상대보다 빠른 발도술이다.

1) 상대와 대적세를 취한다.
2) 정면베기 발도술에 상대가 정면막기 동작을 취하는 것을 보고서

▌상대 검을 들어 올릴 때에는 착법을 사용한다. 이때 치듯이 검을 부딪치면 안된다. 많은 숙련이 필요하다.

3) 상대의 막는 검을 들어 올리면서 찌르기
4) 찌른 검을 빼면서 지하견적세

■ 스크린 동작

▌아래의 스크린 동작은 주로 원형에서(즉 상대방이 전후, 좌우의 상황에서는 언제나 변용하여 쓸 수 있다) 추출하여 본인의 의도대로 방향을 취할 수 있으므로 반복된 연습이 필요하다.

5) 그 자세에서 후방의 상대 검을 쳐내며
6) 왼발이 앞으로 나가며, 들어오는 전방의 상대 검을 걸어내며
7) 왼발이 뒤로 빠지며 좌 내려베기를 한다.
8) 바로 따라 들어가면서 우 올려베기를 한다.

▌ 다시 역동작으로 뒤를 보면서

9) 제자리에서 곧바로 좌측 뒤로 돌아서 상대 검을 걷어내고

10) 왼발이 뒤로 빠지며 들어오는 상대에게 좌 내려베기를 한다.

11) 잽싸게 따라 들어가며 우 올려베기를 한다.

도움말 ◆

　스크린 동작에서 가장 중요한 것은 스피드와 정확성이다. 마지막의 찌르기 동작이 무척 인상적이며, 한라 2결의 찌르기와는 질적으로 분위기가 다르다. 구별해서 찌르기를 연습해야 할 것이다.

▌베기 동작 후의 찌르기는 검법의 정수이다.

이를 감각적으로 이해하면서 몸이 따라가야 한다.

12) 연결동작의 마지막으로 끝내기 수.

　 왼발이 앞으로 나오며 뒤돌아 후방의 상대 목을 찌른다.

13) 왼발이 나가며 전방의 상대 검을 위로 쳐올리고

14) 쳐 올린 후 바로 우 내려베기를 한다.

■ 후방의 상대를 보면서 점프 돌려베기

▌ 내려베기 후 1회전하면서 상대를 전체 스크린한다. 회전하는 자세에서 점프를 동시에 실시하는 것도 검법의 묘미를 살리는 방법이다.

15) 오른발을 뒤로 놓으며 우 올려베기(올려 걷어내기)를 한 후
16) 왼발, 오른발 1회전하면서 상대를 헤쳐낸다.
17) 스크린 후 조천세로 전후의 상대에 대해 견적세를 취한다.

▌ 점프하기 전에 검을 확실히 잡고 있다가 상대를 공격하면서 한손으로 던지듯 공격한다.

18) 전방의 상대 검을 헤쳐내며

19) 뒤돌아 보며 점프, 공중에서 우 내려베기를 한다.

20) 착지하면서 우 내려베기 상태를 유지한다.

21) 바로 따라 들어가며 크게(상체가 약간 앞으로 기운 듯) 좌 내려베기를 한다.

▮ 착 검

▮ 착검 동작은 단순히 혈진의 동작으로만 구성되어 있다기보다는 전체적인 방어 동작으로, 자신의 가치를 확인하는 의미의 착검법으로 수련한다. 즉 마지막 순간까지도 방어의 개념으로 완벽한 착검 동작을 취한다.

22) 검을 크게 들면서 전방의 상대 검에 대한 착법으로 착검한다.
23) 상대에 대한 주시
24) 마지막 마음에 주의를 하면서 여유와 멋을 갖고 착검한다.

5 한라 5결

한라 4결 이상의 빠른 동작을 요구한다. 전·좌·후방의 상대를 대적하는 자세이므로 매우 빠르게 방향전환을 해야 한다.

▌발 도

1) 상대의 선공에 맞서 기습공격을 시행한다. 상대의 명치를 검 손잡이(검끝)로 친다. 친 후 빠르게 뒤로 빠지며 전체를 주시하는 자세 유지

2) 왼발이 앞으로 나가며 후방의 공격에 대하여 옆으로 빠지며 중단 공격(상대의 머리나 정면베기에 대해 중단공격이 들어간다)

3) 다시 왼발을 뒤로 빼며 반 착검하면서 정면을 본다.

4) 자연세로 전후좌우 이동하면서 상대의 흐름을 파악한다.

오른발, 왼발이 우측으로 이동하면서 전방의 상대에게 우 내려 베기를 한다.

▌좌측 상대에 대한 공격

5) 좌측 상대를 보면서 왼발이 나가며 상대 검을 헤쳐낸다.

6) 오른발이 나가 전진하며 좌 내려베기를 한다.

7) 그대로 따라 들어가며 대각선으로 비껴 우 올려베기를 한다.(보 이동은 각자의 동작에 맞게 빠른 동작으로 연결한다)

■ 좌측 상대를 끝까지 따라가면서 공격

8) 올려베기 후 바로 이어서(체중을 실어서 — 따라 들어가면서)
왼발이 좌측 앞으로 이동하면서 상대 검을 쳐내고
9) 따라 가면서 상대에게 좌 내려베기를 한다.
10) 바로 그 자리에서 허리를 틀어 상대의 중단을 공격(허리).
시선은 정면 또는 상대를 주시하면 된다.

▌ 후방 공격

▌ 이러한 공격의 흐름이 끊어지면 안되고, 1~2초 안에 공격이 이루어져야 후방의 공방에 대한 부담이 없어진다. 이전의 동작은 주로 전방과 측면 공격이었으므로 후방에 대한 상대적 시간차가 존재하는데, 이를 극복하기 위한 방편으로는 허리를 트는 역동작이 절대적으로 필요하다.

11) 뒤돌아 후방의 상대를 대적한다.

(이때의 상황은 상대가 이미 뒤로 물러나며 움찔한 상태이다. 앞서 시초의 빠른 발도로 후방의 상대에게 일격이 가해졌기 때문이다. 이 부담으로 후방 상대의 공격은 위축된 상황에서 전개된다)

12) 상대의 공격에 대해 틈을 보다가 과감한 올려베기

(좀 무리한 동작이지만 과감성을 높이 평가해야 한다. 이러한 상황 설정이 검법의 존재 이유이기도 하다)

13) 제자리에서 올려베기의 여파로 몸의 중심 이동이 있는 것을, 중단공격(수평 베기)으로 다시금 몸의 중심을 잡는다.

▌전방 공격

▌방향 전환으로 이어지는 동작이므로 신속한 몸 동작을 요구
한다.

결국 빠른 방향 전환은 자세의 균형감각과 위치 선정의 문제이
다. 검법에는 이미 개괄적인 도보가 있으므로 반복된 연습을 통하
여 균형감을 찾으려는 노력이 필요하다.

14) 왼발이 앞으로 나가며, 뒤돌아보고서 상대 검을 우 올려쳐
낸다.

15) 바로 우 내려베기를 한다.

■ 후방 공격

16) 제자리에서 후방의 찌르기 공격, 베기 공격에 대해 방어동작을 취한다.

17) 상대 검을 걷어내며 바로 정면 내려베기를 한다.

18) 다시 한번 끝내기 점프, 우 내려베기를 한다.

(제자리에서 점프하면서 공중에서 힘차게 베기 동작을 한 후 착지한다 — 굳이 공중동작을 할 필요는 없다. 새로운 베기와 고난도를 선보이면서 검법의 묘미를 보인다)

■ 착 검

착검 동작은 단순히 검을 접는 것이 아니라, 자신을 항상 보호하며, 빈틈없는 자세를 유지하여 위용을 힘껏 지킬 수 있는 동작을 취하도록 수련한다.

19) 공중 동작 후 착지와 동시에 전방을 향하여 왼발을 뒤로 빼고 힘찬 자세를 취하며 착검으로 연결한다.
20) 전체적으로 상대를 보면서 천천히 착검한다.

1. 한라 1결은 빠른 발도술에 이은 상대와의 대적에서, 전후를 연속적으로 제압할 수 있는 순발력있는 판단과 자세를 요구한다.

2. 한라 2결은 전후 상대에 대한 공격 시점이 전체적인 검보의 진행에 영향을 미친다. 어느 시점을 기준으로 설정할지는 각자가 판단한다.

3. 한라 3결은 사방에 대한 흐름을 파악하며 전체적인 감각과 시각을 요구하여 항시적 공격에 대비한 무의식적 반응의 검보를 익혀보는 것이다.

4. 한라 4결은 발도술부터가 상당한 실력을 요구한다. 이후의 스크린 동작과 이어지는 찌르기, 점프 동작은 많은 수련이 필요한 대목이다.

5. 한라 5결은 복합적인 방향으로 각자의 이해도에 따라 검보를 진행할 수 있다.

전체적인 검보의 진행은 빠른 발도술에 이은 베기법과 공격의 이해이다. 방향의 설정 및 리듬은 각자의 수준에 맞추어서 진행하면 될 것이다.

▊ 발 도

1) 상대와의 대적 상황에서 의연하게 주시한다.

2) 상대의 정면베기 공격에 대하여 피하는 방편으로 오른발이 나가며 우 올려베기

3) 앞으로 나간 오른 발을 조금 당기면서(밀고 당기는 개념) 좌 내려베기

4) 다시 앞으로 오른 발이 나가며 상대의 가슴을 찌른다.(소도 세)

도움말 ◆

발도술에서 중요한 것은 상대방의 공격에 대한 반격의 타이밍이다. 즉 정면베기에 대하여 대각선으로 빠지면서 발도와 찌르기가 병행되어야 한다.

■ 전후의 검세 가담

■ 전방의 검세 정리

5) 찌른 검을 빼며(신체의 중심이 앞으로 나간 상황에서 중심을 뒤로 빼며) 왼발이 나가며 좌 내려치기를 한다.

6) 오른발이 나가며 우 내려치기를 한다.

7) 왼발, 오른발이 나가며 우 내려베기를 한다.

■ 후방 및 전방의 검세 정리

8) 왼발을 대도세로 뒤로 내밀고 뒤돌아 상대의 찌르는 검을 쳐내며

9) 오른발이 나가며 좌 내려베기

10) 그 자세에서 왼발을 대도세로 내밀며 좌 올려치기를 한다.

> **도움말 ◆**
>
> 전후의 상대와 대적할 때에는 상대 검에 대한 타이밍과 자신의 신체리듬이 매우 중요하다. 상대의 들어오는 공격을 쳐낼 때에는 상체를 약간 뒤로 빼서 상대의 힘을 받아주며, 다음에 힘껏 베는 법을 시행한다. 실제 수련 시에 약간의 기술적 묘미가 가해지면 매우 재미있게 진행할 수 있다.

▌ 전방의 검세 가담

▌ 전방으로만 이루어지던 검세가 전후의 균형이 어느 정도 이루어지면서 다시 앞으로 자세를 취하여 맹공한다.

11) 다시 그 자세에서 좌상 방어 후 좌 내려베기를 한다.
12) 오른발이 나가며 우 내려베기를 한다.
13) 왼발이 나가며 좌 내려베기를 한다.
14) 오른발이 나가며 가슴을 찌른다.

▌찌른 검을 빼면서 따라 들어가면서 올려베기 — 찌르기 — 내려베기를 한다.

15) 오른발을 약간 당기며 찌른 검을 빼고서 왼발이 나가며 상대 검을 헤쳐내고

16) 대각선으로 빠지며 1회전 후 오른발에 우 올려 벤다.

17) 곧이어 바로 왼발이 나가며 가슴을 향하여 찌른다.

18) 찌른 검을 빼고, 오른발이 나가며 좌 내려베기

19) 왼발, 오른발이 우측 대각선으로 나가며 우 내려치기

20) 왼발이 나가며 조천세로 전체를 주시한다.

도움말 ◆

    검법 중 1회전하면서 올려베기 후 찌르기하는 동작은 매우 높은 수련을 요구한다. 간단한 것같은데, 원심력을 충분히 살려서 찌르기 동작이 완성되어야 한다. 찌르기 동작의 완결 후 다시금 빼면서 좌우를 헤쳐내는 법은 가히 몸의 균형이 동물적으로 이루어져야 함을 느끼게 한다.

■ 전후의 마무리 결

■ 중간 동작 : 왼발이 약간 뒤로 빠지며 상대의 들어오는 검을 쳐낸다. (조천세에서 상대 검에 대한 방식은 주로 빠지거나 ─ 방어적 공격, 들어가면서 ─ 공격적 방식으로 이루어지는 검법이다)

21) 상대 검을 쳐낸 후 바로 오른발이 나가며 정면베기를 한다.
22) 뒤를 보면서 왼발을 45도 왼쪽으로 이동시키며 뒤 상대의 수평 허리베기 또는 좌 올려베기
23) 정면을 보면서 오른발을 45도 오른쪽으로 이동하면서 우 내려베기

▌ 전방을 향한 검법 진행의 대표적인 수이므로 많은 연습을 통하여 전진하는 법을 익히도록 한다.

왜 전진하면서 가끔은 뒤를 돌아보는 것일까? 이 점을 익히면서 검법을 수련하자.

24) 착검 동작은 머리 위에서 좌상, 우상, 좌상 방어를 하면서 마친다.

도움말 ⬍

끝마무리를 확실히 한다. 조천세로 전체적인 분위기를 느끼며, 순간적인 기선 제압과 동시에 착검 동작이 이루어져야 한다.

빠른 발도술에 이어 상대에 대한 공격이 거세게 이어진다. 점점 상대를 다루는 방식이 고난도로 계속된다.

■ 발 도

■ 전후방 상대의 발도술에 대한 방어와 공격

1) 상대와 대적을 한다.

2) 상대 검을 좌상방어로 받으면서 오른발이 들어가며 정면베기를 한다.

3) 제자리에서 뒤돌아 후방을 보면서 정면베기를 한다.

4) 좌측으로 방향 전환을 해서 다시 전후 상대를 좌우로 이동시켜 전체를 견적한다.(오른발을 앞으로 이동한 후 왼발을 뒤로 뺀다)

■ 전방 공격

5) 왼발을 좌측 뒤로 빼고 처음의 정면을 보면서 대적 후 바로 다음 공격을 준비한다.

6) 상대의 찌르기나 치기에 대한 방어동작으로 좌중단 방어, 왼발이 나간다.

7) 오른발이 나가며 우중단 방어

8) 정면의 상대의 목을 겨냥해서 찌르기

▌후방 공격

9) 찌르기 후 바로 뒤돌아 후방의 상대 검을 쳐내고

10) 왼발이 뒤로 빠지며 좌 내려베기를 한다.

11) 오른발이 앞으로 들어가며 우 올려베기

12) 끝내기 수 : 왼발이 들어가며 허리베기

허리베기 후 다시금 상대방을 견적하는 자세로 진좌 팔상세를 취한다.

▌후방 공격

13) 앞에서 들어오는 상대를 오른발이 뒤돌아 대도세로 앞으로 나가며 상대 검 걷어내고

14) 왼발을 당겨 자연세로 상대의 상단(목) 베기를 한다.

15) 자연견적세를 취한다.

▌견적 후 물러나는 상대를 제압하는 기술을 보인다.

16) 물러나는 상대를 따라가며 좌중단 방어

17) 우중단 방어

18) 왼발, 오른발에 점프(동시에 좌우방어)하면서 찌르기

■ 전방 방어 및 공격

▋ 신속한 연속동작으로 순식간에 이루어진다.

19) 제자리에서 뒤로 돌아 좌하방어

20) 좌상 방어(왼발이 앞)

21) 왼발이 뒤로 빠지며 우 내려베기

22) 오른발을 조금 당기며 우상방어(오른발이 앞)

이어서 오른발이 대도세로 나가며 좌 내려베기

▌ 후방 방어 및 공격

23) 제자리에서 뒤로 돌아 좌하방어

24) 좌상방어(왼발이 앞)

25) 상대 검을 반 감아서 따라 들어가며 찌르기

도움말 ◆

　제자리에서의 상대와의 대적세에서 상대의 힘을 이용하여 착법한다.
착법은 여러 가지가 있다. 나름대로의 방법을 연구하자.

■ 정면 공격

26) 찌른 검 빼면서 뒤돌아 정면 베기

27) 그대로 전진하면서 상대 검을 걸어내며 정면 상단 찌르기

도움말 ◆

후방 공격 후의 정면 공격이므로 빠른 방향 전환과 함께 정면베기를 한다. 이후 상대 붙임수를 들어올리면서 틈새를 보고서 찌르기 공격이 이루어진다. 순간적인 동작들이므로 반복된 연습이 필요하다.

■ 착 검

28) 찌른 검 빼면서 왼발이 나가며 상대 검 우하 헤쳐내기(검을 뒤집어 잡는다)

29) 오른발이 나가며 빠르게 우 올려베기

30) 착검

1. 빠른 발도술이 기본적으로 큰 흐름을 차지하며, 다음 동작에 관한 리듬을 결정한다. 최초의 발도술에 대한 자신감과 방향을 적절하게 유지하고 체크한다.

2. 발도 후의 방향 전환 문제에서 상대의 흐름에 대한 각자의 대응방식에서 검법의 활용을 보여준다. 각자의 판단에 따른 대응, 상대의 이동에 대한 보의 흐름 및 유지(긴장 및 리듬)를 익힌다.

3. 일단 전후의 상대에 대한 과감한 공격이 이루어지면 가차없이 결을 진행시켜 폭풍우가 쏟아지는 듯한 자세를 취한다.

4. 일순간의 정적 자세 후 다시금 공방을 위한 리듬을 재정비하면서 과감한 결의 진행.

5. 착검은 확실하게 자신감과 멋스러움을 보이며 맺는다.

전후방 공격과 방어에 대한 새로운 기법을 보여준다.

같은 기술은 누구나 할 수 있다. 그러나 일정한 리듬과 템포를 유지하면서 나름대로의 객관성을 유지한다면 새로운 면모를 보일 수 있을 것이다.

▌발 도

1) 상대와 대적세를 취한다.

2) 상대의 공격에 대해 동시에 맞받는 동작으로 오른발이 나가며 우 올려베기

3) 왼발에 우 내려베기

4) 오른발에 좌 내려베기

▌ 후방 공격

▌ 후방의 상대가 공격 기회를 놓치지 않을 것이다. 치고 들어오는 상대에 대하여 옆으로 빠지며 방어와 공격을 한다.

5) 뒤돌아 오른발이 앞으로 나가며 우 올려베기

6) 왼발에 우 내려베기

7) 오른발에 소도세로 좌 내려베기

█ 후방에 대한 계속된 공격

8) 왼발에 좌 내려치기

9) 오른발에 찌르기 또는 소도세 좌 내려베기를 한다.

10) 왼발에 상대 검을 걸어내며, 오른발에 1회전 후 횡단 일검

11) 후방의 상대 공격에 대한 역동작으로 좌상 방어

■ 전방 공격

■ 전방에 대하여 다시 한번 공격 시도

12) 상대의 공격을 그대로 받아서 몸을 틀어 정면을 바라본다.
전방을 보면서 오른발이 앞으로 들어가며 정면 올려베기
13) 따라 들어가며(왼발, 오른발이 앞으로 이동) 낭심 우 올려
베기한다.

▎후방의 방어 동작

14) 다시 뒤를 보면서 상대의 공격에 대해 방어 자세를 취한다.
좌중단 방어
15) 우중단 방어
16) 오른발이 들어가며 후방을 보는 자연견적세

도움말 ⬍

　수련의 방향성을 찾아야 하는 어려운 자세이다. 가능한 한 마음으로
상대에 대한 개념을 가지며 동작을 익혀보자. 스스로 노력하는 자세를
취하면서 동작에 대한 완성도를 갖추어 가야 한다.

■ 전후방 공격

■ 상대를 좌우로 대적하는 자세를 취하고서 빠르게 따라 들어
간다.

17) 후방을 보면서 자연견적세를 취한다.

18) 좌우의 상대를 주시하다가 좌측으로 이동 견적한다.

도움말 ⬍

　이러한 보의 이동은 상대와의 대적에서 항상 발생하는 상황이다. 나
와의 대적에서 상대도 계속 빈틈을 노력 위치 변화가 발생한다.

19) 이동 견적하는 순간 〔17〕 동작의 상황에서 우측의 상대(최초의 자세에서는 후방의 상대)가 달려오는 것을 보고서 상대 공격을 헤쳐 올리며

20) 1회전하고 허리를 보면서 횡단 일검(왼발, 오른발)

21) 따라 들어오는 상대를 오른발이 앞으로 나가며 우 올려베기

▌뒤돌아 방어, 공격

22) 바로 뒤돌아 상대의 하단 공격에 대한 우하단 방어
(왼발이 앞으로 나간 후 뒤돌아 방어)

23) 그 자세에서 오른발을 당기며 우상단 방어

24) 상대 검을 밀쳐내며 발이 들어가며 우 올려베기를 한다.

▌착 검

25) 하단 착검을 한다.

26) 착검법은 어려우므로 많은 연습을 통하여 집게 손가락을
이용하여 착검하도록 수련한다.

1. 발도술과 이어진 전후의 공방에 대한 리듬을 잘 이해하고서 수련한다.

2. 자세의 역자세가 매우 중요한 사안이다.(수련의 깊이 및 이해의 정도를 가늠하게 하는 동작들이므로 꾸준한 연습이 필요하다)

3. 짧은 검결일수록 빠른 스피드와 회전을 요구하므로 충분한 소화를 바탕으로 한 검결의 진행이 필요하다. 오히려 간단할수록 더 어려운 결이 되기도 한다.

4. 마지막 착검이 매끄럽지 않은 경우가 많다. 많은 수련이 있어야 한다.

전후방 상대에 대한 지루한 공방과, 빠른 스피드 및 회전력으로 상대의 공격과 방어를 제압하는 검법을 보여준다. 정확한 상대의 개념으로 검법 연습을 해보면 진수가 나올 수 있다.

▌발 도

1) 상대와 느긋한 마음으로 대적한다.
2) 오른 발이 나가며 하단 견적
3) 상대의 공격에 대하여 나가면서 맞받아 우상 방어.
왼발이 조금 전진하며 정면 올려베기
4) 재차 상대의 공격에 대하여 좌상 방어.
오른발이 들어가며 정면 올려베기 한다.

5) 그 자세에서 좌상 방어, 왼발에 좌 내려치기

6) 오른발에 좌 내려베기를 한다.

7) 후방을 보며 오른발이 나가며 상대 검을 쳐올린다.

도움말 ⬍

중요한 것은 자신의 리듬으로 상대를 공격해 들어가는 것이다. 리듬을 갖춘 상태에서 공방의 흐름을 잡는다.

■ 후방 ― 전방

■ 쳐올리는 자세에 유의해야 하며, 다음의 베기 연속 동작들은 허리힘을 발현하면서 리듬을 맞추어 간다.

8) 뒤돌아 상대 검을 우상으로 쳐 올리기
9) 따라 들어가며 우 내려베기를 한다.
10) 뒤로 물러나며 좌 내려베기를 한다.

▌ 전방 방어하면서 전진

▌ 상대의 검에 당당히 맞서는 기세로 해결한다.

찌르기의 정수를 익혀야 한다. 상당히 감을 요구하는 동작이다.

11) 왼발이 나가며 좌상방어
12) 오른발이 나가며 좌중단방어
13) 왼발이 나가며 우중단방어

▎ 계속 전진하면서 따라간다.

14) 오른발이 나가며 좌중단방어

15) 왼발이 나가며 정면 찌르기

16) 오른발이 나가며 뒤돌아 찌르기

17) 찌른 검 빼면서 왼발, 오른발 시계 방향으로 회전하면서 횡단 일검

18) 횡단으로 회전 후 몸을 틀어서 뒷머리 좌상 방어

19) 뒤돌아 좌중 방어

20) 우중 방어

▌ 후방 공격

▌ 달려가는 자세를 취한다.

21) 자연견적세를 취한다.
22) 앞으로 나가며 좌중단 방어(달려가는 자세)
23) 오른발에 달려나가며 우중단 방어

▋ 연속동작으로 이루어지는 동작. 숙련을 요구한다. 폼이나 형태가 잘 안되나 연습을 해서 만족시켜야 한다.

24) 좌우 방어의 점프 동작에 이어서 바로 정면 찌르기

25) 찌른 검 빼면서 뒤로 물러나며 좌 내려베기를 한다.

26) 상대를 따라 들어가며 힘껏 우 내려베기를 한다.

(왼발은 바깥쪽 소도세를 유지한다)

▌ 정면 공격

27) 몸을 뒤돌려 튕겨 일어나면서 왼발이 앞으로 나가 우 내려
치기

28) 오른발에 좌 내려치기(또는 좌 내려베기)를 한다.

29) 바로 따라가며 왼발에 우상 방어 후 오른발에 우 내려베기
한다.

■ 후방 방어 및 공격

■ 후방에 대한 공격을 가다듬는다. 템포와 흐름이 중요하다.

30) 왼발에 좌상으로 상대 검을 걷어내고, 오른발에 우 올려베기를 한다.

31) 왼발이 앞으로 나가며 뒤돌아 우하 방어

32) 우상 방어

▌다음 연결이 바로 되어야 한다.

33) 왼발에 상대 검을 좌하방어

34) 좌중단 방어

35) 오른발에 좌상단 방어

▌ 앞으로 전진 이동하며 원형 방어(좌하 — 좌중단 — 좌상단 — 우중단)를 3회 반복

36) 우중단 방어

37) 원형방어 3회 후 좌상방어에서 멈춘다.

38) 앞으로 나가며 정면 내려베기를 한다.

■ 후방 연속 공격

39) 왼발이 앞으로 나가며 뒤돌아 은닉(검을 허리에 붙여서 숨기는 동작) 자세를 한다.

40) 오른발이 나가며 정면 내려베기를 한다.

41) 그 자세에서 몸을 틀어서 견적세를 한다. 견적세 보 이동 3회 한다.

▌정면을 향해서 거세게 몰아 공격한다.

42) 뒤돌아 후방의 상대 검 걷어내며

43) 뒤로 1회전하면서 전체적으로 횡단 베기 후 전방을 보면서 조천세

44) 왼발에 상대 검을 좌 내려치기 후 오른발에 정면 내려베기

▌견적 후 다시 한번 힘차게 공격에 들어간다.

45) 오른발이 뒤로 나가며 뒤돌아 후방의 상대 검을 쳐 올린다.

46) 횡단베기로 뒤로 1회전한 후에 찌르기

47) 전방의 상대 검을 좌 내려치기(왼발 나가며) 후 좌 내려베기(왼발 나가며)

　■ 연속 2회전하는 동작이므로 상당한 연습으로 몸의 균형을 잡는 법을 스스로 익혀야 한다. 많은 수련이 필요하다. 회전감각과 균형감각을 익혀야 한다.

　48) 오른발이 뒤로 나가며 뒤돌아 후방의 상대 검을 쳐올린 후 횡단베기로 뒤로 2회전한 후에 찌르기

　49) 찌른 검을 한 점에 두고서 뒤로 돈다.

　50) 왼발이 뒤돌아 앞으로 나가며 찌른 검을 뺀다.

▌마지막 끝내기 수 따라가며 베기를 한다.

51) 오른발이 따라 들어가며 좌 내려베기를 한다.

52) 따라 들어가며 1회전 우 올려베기를 한다.

53) 전방의 상대를 대상으로 좌우를 방어하면서

■ 착 검

■ 착검 동작은 상대의 검을 방어함과 동시에 공격을 시작하는 시점이다. 예도 9번에서는 전방의 상대와 좌우의 상대와 대면한 착검이 동시에 이루어지므로 수준 높은 착검법이라 할 수 있다.

54) 좌우 상대에 대한 방어 동작을 취한다.
55) 전후방을 주시하며 착검한다.

백두 검결 정리

1. 백두 1결은 발도술에 이은 연속적인 전후 공격법에 대한 충분한 연습과정이 있어야만 제대로 맛을 느낄 수 있다. 리듬감으로 단조로움을 극복하고서 열심히 수련해 보자.

2. 백두 2결은 발도술이 조금 어색하게 느껴지나 곧바로 이어지는 검결의 묘미가 발도술에 있음을 감지하고서 이어지는 동작에 대하여 숙련해야 한다. 견적세는 한번이니, 검결의 리듬감은 살(殺)하다 하겠다.

3. 백두 3결은 빠른 검결에서는 약간 이상하게 보이지만 숙련 정도를 맛보면 무리없이 흐르는 물과 같이 검결이 이어지는 것을 알 수 있을 것이다. 연습을 통해 착검법을 익혀 보자. 간단치는 않을 것이다.

4. 백두 4결은 발도 후의 동작들과 전후의 역동적인 공격과 방어의 공방 기법이 어울어진 검결이다. 이는 쌍수검결과 비교되는 면이기도 하다. 어떻게? 각자의 수련에 따라 해보면 이해가 간다. 빠른면과 강함, 유함을 동시에 느낄 수 있는 검결이므로 이전의 부족한 면을 많이 보충할 수 있을 것이다.

한라 검결과 다른 점은 전반적인 흐름이 끊어짐없이 연결되어지면서 한 두 동작이 아니라 끝까지 밀고 나갈 수 있는 리듬과 힘이 중시된다는 것이다.

우리 검결의 이해

지은이 | 박종률
펴낸이 | 김학민
펴낸곳 | 학민사

주소 | ㉾ 121-080 서울시 마포구 대흥동 303번지
전화 | 716-2759, 702-3317
팩시밀리 | 703-1494
등록번호 | 제10-142호
등록일자 | 1978년 3월 22일

http://www.hakminsa.co.kr
E-mail | hakminsa@hakminsa.co.kr

1판 1쇄 | 2001년 1월 20일

ISBN 89-7193-121-3(03690), Printed in Korea

갑산검도연구소는 검도의 실기 수련과 이론 정립, 기타 활동을 통하여 새로운 검도 문화 확립에 이바지하고자 노력하는 곳입니다. 검도 관계자뿐만 아니라 대학교 현직 교수님들과 기타 전공 분야의 석·박사들이 다수 포진하여 여러 방면에서 검도의 발전을 위해 노력하고 있습니다.

연구소의 활동에 관심을 가지고 동참하실 분 연락을 부탁드립니다.

- 전화 : 02)712-3170
- http//:www.haedong.org
     www.haedonggumdo.ord
     www.swordsmanship.org

1. 연구소 지원 도장 및 지도자 과정 안내

▌ 연구소 지원 도장

연구소의 교육 및 도장 경영 프로그램의 시스템 공유체계 수립으로 도장 경영 및 교육에 합리적인 운영안을 마련하였으며, 꾸준한 지원(Update)을 시행하고 있습니다. 함께 동참할 도장을 모집합니다.

▌ 지도자 과정

① 관장 연수생   ② 사범 연수생

일정 연수 프로그램을 거친 후 관장과 사범 요원으로 양성하는 과정이며, 구체적인 사항은 연구소로 직접 문의 및 홈페이지로 메일 바람.

2. 학교(유치원, 초중고) 출강 프로그램

학생들의 특기 적성 교육 및 특별활동을 지원하는 프로그램으로 현재 서울시내 5개 학교에서 실시중이며, 학생들에게는 장학금도 지원하고 있습니다. 경험과 교육철학이 투철한 사범진으로 구성되었습니다.

검도 수련을 통하여 학교생활에 더욱 정진할 수 있도록 최선을 다하여 지도하고 있습니다. 출강을 원하는 학교는 연락바랍니다.

우리 검도의 원류

박종률 지음

우리의 검도는 상고적부터 우리 특유의 검술문화를 꽃피워서
완전한 검법체계를 이루었었다. 그러나 조선조에 들어 화약 무기가
점차 발달되고, 또 일제에 의해 나라를 빼앗기게 되자 전통무예로서의
검도는 몇몇 기록만 남긴채 일반에 전승·보존되지 못하고 있다.
이틈을 타 우리사회에 뿌리내린 것이 일본의 검도이다.
그러나 요즈음 해동검도 등 전통무예들이 사람들의 관심을 끌고
있다. 근현세에 들어 일본·서구문화에 밀려 빼앗기고 밀려났던
민족문화의 뿌리를 찾고, 그 전통을 이어가려는 반작용의 흐름인 듯하다.
이 책은 이러한 흐름 속에서 우리 검도의 원형을 찾으려는
시도에서 기획되었다.
제1부에서는 도(刀)·검(劍)의 역사와 한반도의 무예사,
해동검도의 역사를 다루고 있으며, 제2부에서는 초신자라도
해동검도를 이해하고 수련하는데 도움이 되도록 검을 잡는
법부터 검도의 기본 동작, 그리고 쌍수검, 심상검의
수련법을 사진을 곁들여 설명하고 있다.

학민사

武藝圖譜通志

正祖命撰◉李德懋・朴齊家 著・林東圭 註解

實演完譯

무예도보통지

조선에 전통적으로 전해오는 무예에다가
임진왜란 등을 통해 이땅에 전해진
중국의 무예와 일본의 무예를 합하여
24가지 무예(24반무예)로 정리한
군사훈련용 교범.
20년 이상 24반무예의 연구・재현을
위해 노력해 온 임동규 선생은 그의
문하생들을 지도하여 재연한 동작사진
1,024장을 수록하여 사라져버린
400여년 전의 조상들의 민족무예를
누구나 쉽게 배울 수 있게 했다.
〈4×6배판 440면/ 값 40,000원〉

학민사